別冊　季刊文科

国語教育から文学が消える　目次

第一部

第二部　教育の未来

季刊文科 80

令和２年（2020）早春号

編集委員
伊藤氏貴
勝又　浩
佐藤洋二郎
津村節子
富岡幸一郎
中沢けい
松本　徹

特集・国境を越えた私小説

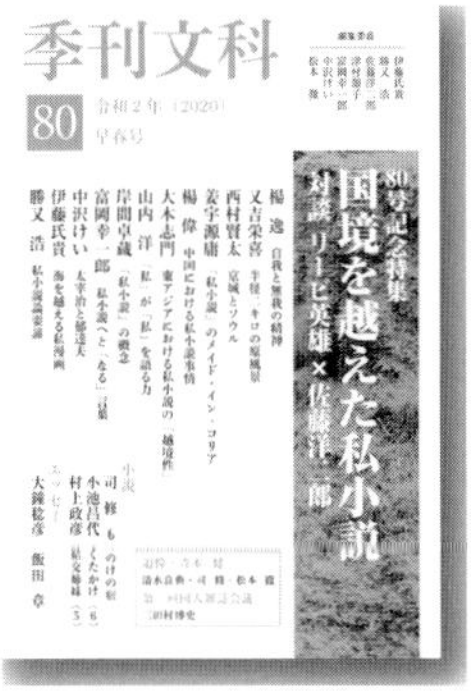

対談：リービ英雄 × 佐藤洋二郎

楊 逸 自我と無我の精神
又吉栄喜 半径二キロの原風景
西村賢太 京城とソウル
姜宇源庸「私小説」のメイド・イン・コリア
楊 偉 中国における私小説事情
大木志門 東アジアにおける私小説の「越境性」
　―国際シンポジウムから見えるもの
山内 洋「私」が「私」を語る力 ―「私小説」は越境する
岸間卓蔵「私小説」の概念
富岡幸一郎 私小説へと「なる」言葉
　―リービ英雄の日本語の勝利
中沢けい 太宰治と郁達夫
伊藤氏貴 海を越える私漫画
勝又 浩 私小説論要諦

■鳥影社刊
■定価 1620 円（本体 1500 円＋税）
■A5 判
■本文 226 頁
■ISBN978-4-86265-800-5
■2020 年３月発売予定

内容・目次

追悼・青木健
清水良典・司修・松本徹

第三回全国同人雑誌会議
三田村博史

小説
司 修 もののけの宿 空白の絵本〈4〉
小池昌代 くたかけ〈6〉
村上政彦 結交姉妹〈5〉

エッセイ
大鐘稔彦 宇宙に神はいない（?）
飯田 章 小學國語讀本

連載
柴田 翔・芹沢俊介・清水節治・間島康子・伊藤氏貴・佐藤洋二郎・谷村順一・松本 徹・勝又 浩

コラム
勝又 浩・松本 徹

お電話 ☎03-5948-6470　FAX 0120-586-771　メール order@choeisha.com

文藝・学術出版　**株式会社鳥影社**
〒160-0023　東京都新宿区西新宿 3-5-12 トーカン新宿７F
TEL / 03-5948-6470　FAX / 0120-586-771　https://www.choeisha.com

別冊 季刊文科

国語教育から文学が消える

鳥影社

伊藤氏貴

第一部　対談

国語教育から文学が消える

——新学習指導要領をめぐって

紅野謙介

同席者
勝又 浩
松本 徹
小野英一（編集部）

現在多くの大学で採用されている、いわゆる「センター入試」は二〇二〇年度をもって廃止、それに代わって、業者に委託される新たな「大学入学共通テスト」が始まる。また高校現場では新しい「学習指導要領」が実施され、そこでは国語授業が「論理国語」「国語表現」「文学国語」「古典探求」という構成になり、名目は残されているが、入試などとの連動によって実際上は「文学国語」は履修しにくくなるのだという。日本国民が何代にもわたって揃って読んできた『万葉集』や『徒然草』、鷗外や漱石などを知らずに高校を卒業する生徒がたくさん生まれるわけだ。

長年、文学復権を称え、その一端を担ってきた本誌としては黙視しがたいことであるが、本誌編集員である伊藤氏貴は早くから『文藝春秋』誌その他でその暴挙の危険性を訴えてきた。またもう一人、近代文学研究者で教科書作りにも携わっている日大教授・紅野謙介氏はこの問題で最近『国語教育の危機』（ちくま新書）を刊行された。ここではお二人にこの問題の根本を討議していただいた。対談には編集員から松本徹と勝又浩、編集部から小野英一が同席した。

（平成三十一年三月十五日、於こあん）

伊藤氏貴　先生と私は実は三十五年とか四十年近く前にお会いしているはずなんです。というのは、先生が中学・高校の先生を六年間されていた時に、ほぼその六年間、私が中学・高校生だったんです。残念ながら、授業では一度も御担当いただけなかったんですが、ここでお話が聞けてありがたく思っています。

紅野謙介　山内修さんが伊藤さんの先生だったそうですね。宮沢賢治の研究をされているいい先生でした。亡くなられてもう何年もたちます。なつかしいですね。その山内さんの教え子でもあった伊藤さんのこの間の文章がずいぶん評判を呼んであちこちで話題になっていますので、今日はその話から伺おうかなと思っています。『文藝春秋』でお書きになった『戦後最大の「国語」改革で「文学」が消滅する』（二〇一八年十一月号）、あれは「論理国語」か「文学国語」かという話題でだいぶ評判になりました。文春の昨年の論点を集めた別冊（『文藝春秋オピニオン二〇一九年の論点一〇〇』）にも入ったりしましたけれども、今、ふり返られて、伊藤さん自身はあのエッセーの反響をどういうふうにご覧になっていらっしゃいますか。

伊藤　実はこの問題に関しては、一昨年の二〇一七年にどこかで書いたのがいちばん初めで、そのあとも東京新聞でけっこう大きく紙面を割いてもらったのですが、このときはあまり反応がありませんでした。それが、その文春の記事だけがおそらくSNSでどなたか紹介してくださったおかげですごく評判になりました。ただ、頁数がすごく短いということと、今までの反響のなさからして多少ちょっと刺激的な（笑）表現もあったのか予想以上の騒ぎになってしまいましたけれども。ただ、定番教材がなくなること自体はそんなに問題ではないだろうと思うんですが、問題意識としては、文学そのものに触れる機会がおそらく多くの高校生から奪われるというところにあります。鷗外とか漱石がなくなるというレベルではなくて、高二・高三では国語のなかで文学に触れない高校生が相当数出てくるということは、ちょっと、性急すぎるってことですね。程度問題と時間の問題との二つが、かなり大きいだろうと思っています。その反響に関しては、むしろ、もっと賛否あっていい、いろんな人が議論に関わってくれればいいのになあと思っているところです。

紅野　「論理国語」対「文学国語」という選択のところだけが注目されたんですけど、その後、いろいろ伊藤さんがお書きになってらっしゃるように、実際にはこれまで「国語総合」という一つの科目だったものが「現代の国語」と「言語文化」に分かれて高一の必修となった。「現代の国語」はフィクションはなし、評

論しかも実用的な文章を教えるという。「言語文化」の方は文学教材を入れていいとなっていて、古典と近代の割合の問題はあるんですけれども、まあ、入れることはできる。高校二年生以上になって選択科目になるときに「論理国語」「文学国語」「古典探究」「国語表現」という四つの科目から選択しなさいというふうな形になっています。だから、いろんな組み合わせができるんだというのが文科省の見解ですね。かつ「文学国語」というのを作ったんだから、むしろ、その文学は重視していて軽視などはしていないと説明しています。この辺はどういうふうにお考えですか。

「論理国語」と「文学国語」

伊藤　私も高校の教科書をずっと作ってきたので、そこで、実際お会いする高校の先生方にお話を聞いたところ、結局、今ある「現代文B」という科目四単位が、実際には「文学国語」四単位、「論理国語」四単位になるので、そのうちのどちらか一方だけを取ることになるだろうということでした。「古典」はもう今まで「古典B」を取っていたのはそのまま「古典探究」にスライドすると、「現代文B」の四単位を「論理国語」か「文学国語」かのどちらかにするという選択になって、お尋ねした先生は百パーセント「論理国語」を取るとおっしゃってますね。結果的に「文学国語」は、科目としては存在するけれどもほとんどの高校が選択しないいわば開店休業状態のようになると思います。

紅野　私が接触している高校の先生方も基本的には全く同じです。入試に実用的な文章を出題するというのですから「現代の国語」から「論理国語」へという流れを中心にせざるを得ない。したがって、それ以外は「文学国語」か「古典探究」かの究極の二択になるだろうと見ている。理系クラスは現代文以外は読みたがらないので「文学国語」になるかもしれないけれど、文系クラスは「古典探究」にせざるをえないのか。しかし、それで果たしていいのかと悩んでいるわけです。しかも、教科書もまだできていないから、雲をつかむような話。それでいて入試は大学入学共通テストに二〇二一年から変えてしまうから、いまの高校二年生は対策しないわけにいかない。大混乱です。ここまでの話は高校の教科の細かい名称に関わる話で、カリキュラムのことだから、みなさん、そんなに関心はないかもしれない。そもそも「論理国語」と「文学国語」という言葉自体、馴染みのない言葉で、専門用語でもまず聞いたことがない。何だそれは？　と思われる方のほうが多いでしょうね。大事な点は文学の軽視とい

うより、こうやって「論理」と「文学」を分けること自体にあるように思います。で、私自身、自分が研究してきた文学を考える時に、詩や小説だけが文学だ！と思ったことはないんですよね。それは国語の教師としてスタートした経歴もあるけれども、エッセーという独特なジャンルの重要性を思うからです。エッセーは「徒然草」や「枕草子」以来、つづいている随筆と同義であるけれども、いいエッセーには一定の論理が込められている。きちんとした構成があって、引用や典拠があり、根拠の提示があり、ソフトなロジックとレトリックができている。凡庸なエッセーから洗練されたエッセーまで多種多様だし、科学者にもいいエッセーの書き手がいた。そういうものを論理、文学のどちらだ！と区分けができないですよね。少なくとも「国語」という名称の限りにおいては、もう少しその領域が拡がりをもって捉えられていましたし、多様な文章のジャンルが共存できる状態だった。ところが、今度は「論理国語」と「文学国語」という区分になる。その分類に根拠があるのか？そういう疑問を私は深くもっています。それを無理矢理、切断することの影響というのをどう考えるべきなのでしょうか。

紅野謙介氏

伊藤　おっしゃる通りだと思います。さらに言うと、エッセーに含まれる論理性みたいなものは、しかし今度の改革では文学者の書いたエッセーは「論理国語」には入れてはいけないということなので、排除されてしまいます。またそもそも小説や詩であっても、それをきちんと読む時には、論理性が求められますし、あるいは、その自分の読みを他人にも納得させるためには、その説明にも論理性が当然問われてくるわけで、文学教材を使ってもそこに論理が存在しないはずがない！だから「論理国語」の教科書のなかに教材として文学を入れてもいいんじゃないかと思っていたんですが、文科省はそれはだめだと言うんです。「文学」と「論理」っていうのが、対義語になっている。文学の反対が論理っていう、この日本語の使い方が非常におかし

いというか、危険でもあるなというふうに思います。今まで学校でやっていた文学っていうのは感覚だけだと思われているのでしょうか。実際、多少そういう部分があったにせよ、文学教材を使ってでも、できる限り論理的に他人を納得させる、あるいは自分に一見理解できないような他者の行動のなかにきちんと論理があるということは考えられるはずです。しかしそういうことをしないで表面的に誰が読んでも同じ結果しかもたらさないようなものを「論理」と名付けて「論理国語」とする。それは実用というところへつながっていると思うんです。ですが、実は実社会で必要な論理っていうのは、むしろ自然言語のなかにある、先生がおっしゃるようなエッセーのなかにある、そこに論理をきちんと見ることの大切さからすれば、「論理国語」はむしろ、実用から遠ざかっちゃうんじゃないかという気もしているんです。

伊藤氏貴氏

紅野　まあ、「実用」はかなり乾涸びた言葉です。だいたい、そういう言葉をふりかざしている人って、いまだいたい仕事のできない人たちでしょう？　実社会における有効性とか、創造性から遠く、むしろ自分は「実用的」だと言いたい人たちのための大義名分に過ぎない。文科省の言葉でいうと「言語活動」や「言語生活」という概念がありますが、そうした活動や生活のダイナミックな運動からすると、実は遠ざかってしまうのではないか、そういう危惧がありますよね。

「文学」と「論理」を対立的に際立たせてしまうことによって、「文学」は括弧つきのものになってしまいます。芸術系の科目にすればいいという意見などはその典型ですよ。それにはまったく賛成できない。私自身、文学の教育や研究をやりながら目指していたのは反対のことでした。文学をいかに日常の生活の言葉と接続し、同時に言葉の超日常性を感じられるようにすることを目指していたので、文学研究者としてはやはり怒りを感じざるを得ないところがあるんですね。た

とえば、これまで文学は小説や詩歌の教材として教科書に入っていましたが、それらはいろいろな評論やエッセーと組み合わさって教科書を構成していたのです。それは独立して「文学」の国語を用意するからいいだろうというものではない。鑑賞は文学を受容するひとつの方法だけれど、すべてではない。やはり、なぜ、こうなっているのか、なぜ、この言い回し、このシーンにどきどきしてしまうのかと考えるところに文学教材の大事な点があるのです。それは評論やエッセーを通して、人間と人間をとりまくさまざまな条件について考えることとリンクしている。しかも、物語世界を通して考えるから重要なのだと思います。理屈の抽象的な言葉でのみ想像するのではなく、その世界を擬似的に生きているものの言葉を媒介にしているからこそ我々を動かす。文学を鑑賞し、味わう時間も設けたよということとは、博物館のアートとして文学を無害なものに変えようということです。

文学にはさまざまな要素が

紅野　文学は芸術かと問われたら、どう答えましょうか。ぼくは首をかしげます。芸術に収まらない厄介な複雑さを抱えているのではないか。近代以降の散文になってから、とりわけ、我々の普段の言葉の可変的な要素をどんどん取り入れるようになりました。日常のなかで使われる言葉には、下品な言葉もあるし、罵倒の言葉もある。涙をさそう言葉もあるし、紋切り型の言葉もある。そういう普段使いの俗な言葉を全部含み込みながら、文学はあったと思うんですよね。その文学が囲い込まれて、神棚に置かれるような形になって、それでいて自分たちは文学を軽視してないと言われても、それは違うだろうと。我々の言語生活のもっているパワフルな部分をしっかりと摑んでいく工夫をしないと我々の言葉自体が実は浅薄な形だけの言葉になってしまう。ところが、それとは違う方向に力が働いている。その一つの現れが指導要領における教科編成だったり、大学入学共通テストなんだろうと思うんですよ。まあ、周辺でもこの間、私たちが目の当たりにしているのは、あらゆる言葉の形式化であり、形だけの言葉だけが飛び交っている。政治家の言葉もそうだし、官僚の言葉もそうだし、実社会のなかで使われている言葉自体も、あるいはジャーナリズムのなかのマスコミの言葉もそうなっている。そこに危機感をもたずに、むしろ相乗りするかのように「国語」という教科が改変されるのは避けたい。

伊藤　二つ思ったことがあって、一つは、文学がもつ

芸術的な面の話に関していうと確かにその鑑賞などの芸術的な部分もあって、だとすると音楽とか美術とかと並べるっていう考え方もありうる。鑑賞に対しては「文学鑑賞」みたいな教科を作ってもいいと思うんですけど、今回の科目編成だと生徒自身は選択できない。音楽、美術は自分で選択できるけれども、文学は学校が選択するという意味で、文学は本当に無くなっちゃう可能性がある。

勝又浩　学校はどんな基準で選ぶのだろう。

伊藤　大学入試に出るか出ないかだと思いますね。だから、大学改革、大学入試改革、高校の指導要領改革と、三つの改革が同時に、ワンセットになっていて、今、紅野先生がおっしゃったように言語の本当の中身が軽視される傾向ですね。

松本徹　やっぱり、言語が記号化してきているということ、その問題とも絡んでいるんですね。

伊藤　その通りなんです。

紅野　まあ、本来、記号が内包していた多義性があるんですが、それを無くして、形だけの言葉になるというね。

松本　言語学者だとか、そういう人たちの議論をきちんと踏まえているんですか？

紅野　ええ、言語学のなかでも日本語学の一部は協力的です。たとえば、『日本語』という雑誌でも肯定的な特集を組みました。やはり政府や文科省の審議会などの委員になってらっしゃる日本語学者たちは協力的に見えますね。少なくとも沈黙を守っている。ただ、それ以上に、教科教育学にだいぶ気になるところがあります。教職大学院が増えて、教員養成がシステマティックになりました。そうしたところにかかわっている国語の先生を養成する教科の学問があるんですけれども、文学研究とも日本語学とも違うこの立場の方たちがむしろ率先して進めているように見えます。

伊藤　実際、そういう委員のほとんどが、初めからそっちの人で固められていて、阿刀田高さんとかが、文学側の人もちゃんと入れてますよという申し訳のために、いちおう入っている。阿刀田さんご自身が『文藝春秋』（二〇一九年一月号）でそう書いていらっしゃいました。

松本　紅野さんの話を聞いて、僕は思いましたけれど、その言語という、とらえ方がやっぱり一番問題ですね。

紅野　そうです。文科省は生きづらい世の中で「生きる力」を学ぶために、この言葉の教育を中心にすると言うんですけれど、その場合の言葉の教育が、ある目的を達成するために必要な言葉とか、エントリーシートの書き方とか、あるいは申請書の書き方でといった

ものになってしまうわけです。

松本　やっぱり日本語というのは、優美な歴史のある美しい言葉もあれば、あなたがおっしゃったような罵倒だとか、そんな言葉がたえず錯綜して、こうやることによって、ある種の言葉の立体性というか豊かさというのが生まれてきて、人の心に迫ってくるんですが、人の心に迫らない言葉って一体なんだっていうことになりますね。

紅野　まったくその通りです。

「駐車場の契約書」

伊藤　申請書が書けたりとか、あるいは、実際に共通テストのモデル問題に出た「駐車場の契約書」であるとか「高校の生徒会の規約」とかですね、こういうものは、もちろん、読めた方がいいし、書けた方がいいっていうのは分かりますけれども、人生のなかでそれが問題になることって実は回数は実際的にいうとそれほどない。「駐車場の契約」を年に何回もするわけじゃないですし、不動産を買うときは必ず専門家がもの凄く細かく説明してくれるわけなので、それよりも普段のこうやって日常的に会話しているなかで、どういう言葉、言語でコミュニケーションをとるのかっていうことのほうが問題のはずなのに、本当に限定された、膨らみのない言葉に限定してしまっている。私が本当に思ったのは、大学入試で「高校の生徒会の規約」を出すわけですよね。大学に入学するときに「高校の生徒会の規約」が読めて、うーん。これは何かの冗談なんだろうかと思うんですけれども。もちろん大学にも大学の自治会の規約とかあるかもしれませんけれど、なぜ高校の規約にしたんだろうっていうのが、すごく不思議で……。

勝又　いや、紅野さんの本に出てる例を見ていて「駐車場」、生徒会、何やらの申請書、じゃあ、次は「老人ホームの契約書」っていうことになるかと思った（笑）。

紅野　そうなりかねませんね（笑）。

伊藤　高校の授業の一つの終点というか目的地は大学入試だと高校生、あるいは学校の先生たちは思う。となると「論理国語」を二年間積み上げてその終点で「生徒会の規約」を読めればいいってことは、じゃ、高校の間、読めなくていいということに（笑）。

紅野　読めるようにするためにこういうものを関門に設けますから、それは訓練してくださいという……。

伊藤　さかのぼってと……。

紅野　さかのぼってというような形なんでしょうけれども。入学後の大学生の作文能力、レポート作成能

力、あるいは就職活動をする際の様々なエントリーシートの書き方など、こうしたものを書く力が十分でないという意見が前から出されていました。そこで大学でも初年次教育で作文やアカデミックライティングなどの授業を設けたりしている。そういう背景があることは確かなんですけれどね。

昨年書いた本のことで言えば、私は大学入学共通テストのサンプル問題やプレテストをよく読んでみることで、学習指導要領の求めるあるべき「国語」を考える上で手段になると思ったのです。指導要領は抽象的な文言ばかりですから、どういうふうに具体化するかがよく分からない。今回は、高校・入試・大学の三位一体の改革ですから、新しい大学入学共通テストを「こうしますよ」とサンプルを示した。ならば、その「こうしますよ」が新しい指導要領による「国語」の形態を示すことになる。だからテストの問題を調べるということになったのです。それで精読してみて愕然としました。この件に関してさまざまなシンポジウムがあり、お呼びいただいたときにいろんな先生からの指摘を受けました。その一つが受験しない高校生のことでした。大体いま五十万人ぐらいがセンター入試を受験しています。まあ、新テストもそれくらいと想定できる。ところが、実際の十八歳の年齢は、全国で百万人ぐらいいるんです。残り五十万人は受けないんですよ。この人たちは高校を出たら仕事に就いていく。大学進学をしない。あるいは専門学校とかね、こういうところへ行く。その五十万人の人たちの「国語」はどうなるのかという問題がある。そういう問いがありました。確かにそうですよね。で、新指導要領はそこまで考えているんだろうか？ 「駐車場の契約書」が読めるかどうかを大学進学者に問うとして、受験しない生徒たちには何を教えるのか。その辺が実は曖昧な気がします。

全体ビジョンがない

紅野 実際、日本の学歴社会のなかで大学への進学率は確かに五十パーセント近くになった。質の低下を招いていると言われています。しかし、半分は行っていないわけです。その半分の大学に進学していない人たちがきちんと仕事をして、豊かに暮らしていけて、魅力的な形で言葉と接していられるような状況を作るのも高校の「国語」の重要な役割の一つですよね。彼らが普通の日常会話において生き生きとした会話をしているかどうか。干乾びた知識を勉強した大学卒の人間よりも遥かに豊かだったりすることもありうる。そういう世界があったはずです。そこはどうケアするのか

見えないんですよ、あの新指導要領には。結局、三位一体の改革と言っている限りにおいては、大学に入っていく人間たちしか念頭に置いていない。大学入学共通テストをやらない限り、日本の高校の国語教育は変わらないんだと言って入試改革に手を付けたということは、やはりテスト中心の発想でやっていることに変わりはないわけです。本来は「国語」のあり方を考える際に、階層の問題も含め、これだけ多様化しているわけですから、それぞれに応じた形の「国語」をどう作るか、ビジョンをもって考えなきゃいけないんだけれど、それが無いと思うんです。むしろ、高学歴の人間たちだけが念頭にあって、理数系に進む人間に古典は必要ないし、丸暗記は弊害だから古典文法をやらなくていいという話にしかなっていない。そこでも大学へ進学する人たちのことしか実は考慮に入れられてないと思いますね。

これも三、四十年前のことになりますけれど、文芸評論家の清水良典さんたちが作った『高校生のための文章読本』というアンソロジーのことを思い出します。あれは、愛知県の小牧工業高校に集まった国語の教員四人が作ったわけです。清水さんはほぼ同時に群像新人文学賞評論部門を受賞して文芸評論家になっていくわけですが、そのときは高校の教員でした。小牧

対談に同席した勝又浩氏（左）

対談に同席した松本徹氏

工業高校は工業高校ですから、愛知県のなかでも大学進学率は高くない。でも、そういうところで集まった四人の先生が、なかなか教科書を読もうとしない生徒たちを対象に新しい作文教育をやった。ただし、その場合の作文教育は、まさにぐるぐる輪を描くように書いたモーツァルトの手紙であったり、不思議なバルトの文章だったり、生徒はむろん大人だって一見、分からないように見える文章をいくつも示すことでたくさん刺激を与えていました。そうしたふつうとは違う言葉や文字への刺戟を与えることで、表現の楽しさや自由を学びながら書くことの面白さを教えていったわけです。そうした文章サンプル集がとびきり一般読者にも魅力的で、ベストセラーになった。そうした営みが国語教育の一つスタイルだと思います。また歴史的に古い私立の進学校ではもう少し自由な教育をしている。灘にしても麻布にしても開成にしても、多分そうでしょう。「国語」において、正反対の高校の教育が実はつながっているということをしっかり見た上で考えないといけないんだろうと思うんです。その辺が実は今回はかなり欠けているところがある。そこが僕は最大の不満ですね。

伊藤　先生がおっしゃったように、実際、大学に入った生徒が、実用的な部分も含めて日本語で確かに困るところがあって……。「リメディアル教育」って言うんですけれども、数学でいうと、分数もできない、英語でいうと三人称単数現在形の「s」もつけられないっていうような学生を大学でどう教育していくか。日本語ですら問題で、ほんとうにできない、先生の話も聞き取れないので、日本語のリスニングの授業まであるんです。テープを聞かせて、ノートを取らせて。でも、その研究している知り合いによると、結局本人が興味の無い文章をいくらやっても全然できるようにならない。彼らが興味が持てる内容にしないと、言葉に対する能力も上がっていかないと。だから今度の共通テストであるような本当に無味乾燥な文章を、実際、高校の授業でやったとしたときに国語を好きにならず、ど

んどん嫌いになっちゃうっていう問題が出てくる。古文がつまらないというのは、古文、あの時代の生活にも関心が無いっていう人で、だから逆に文化に興味を持つことからはじめることはできる。

興味と必要

伊藤　しかし誰があの「駐車場の契約書」に、将来、不動産屋さんになろうという人以外は多分興味が持てないでしょうから、大半の人はますます国語がつまらなくなる。「論理国語」というものをやったとしても使いこなせるようにならないかもしれません。結局、どうやって、その生徒の興味がある、たとえば、話題をアニメにするとかですね（笑）、スポーツにするとかって、そういうところの方が実は論理的、実用的な国語を使うにあたっても、そっちの方が重要だってことに気付き始めている人たちもいるんですよね。

紅野　入り口をね、どうするかっていうところはやっぱり大事で、その入り口のところで生徒たちの心を摑まない限り、一学期ももたないっていうことがあるじゃないですか。

伊藤　ありますね。

紅野　大体、四月の段階でやっぱり生徒たちが、その科目、教科に関心をもって「この授業は面白いね！」っていうふうに言ってもらえない限り後は続かなくなるわけですよね。そういうことを現場で肌感覚で知っている国語の教員たちは、これでやれるというふうにはやっぱり思えないだろうと思います。

伊藤　そう思いますね。これを二年間やるのですよ（笑）。こういう文章を、たとえば、規約とか、契約書とか、実際の公報とかをですね、どんな工夫をしたら、面白く読んでもらえるかっていうことを考えたときに……。

勝又　商業科だね、みんな。

松本　まず、論理とかね、言葉という基本的な概念がね、非常に抽象的にしかつかまえられてないということですね。

紅野　そうですね。そういうことです。

勝又　さっきの高校で終わる人の例、大学へ行かない人にほどさ、豊かな国語が……。

紅野　そうなんですよ。そこなんですよね。仕事やビジネスの場面において、テキパキ仕事ができる人間を常に前提に置いたらむしろまずいなという事態に今なってきているわけじゃないですか。この産業社会でそういう人たちは多数派かもしれないけれど、そこからこぼれ落ちたり、あるいは、また、自発的にそれと

は違う選択をする人たちもたくさん出てきている。もちろん、病気の問題もある、障害の問題もある、老いの問題もある。多数派の人たちも必ず迎える問題ですよね。そういう人たちがいろんな形で壁にぶつかったり、困難にぶつかったりするときに、何によって自分自身を立て直すか。そこがたいへんに大事な場面ですよ。僕はそのとき重要な契機を与えるのは言葉だと思います。ある言葉を知ることによって自分の立ち直りのきっかけとなることがあるわけです。

ことばの力は実用文だけではない

紅野　精神医学において最近はナラティブセラピーが注目されています。自分自身の人生をどういうふうにストーリーをもった形でまとめられるか。自分を語り直すことによって、自分のこわばりや偏りなどを解きほぐしていく。自分自身が壊れてしまうようなことが人生にはあるわけですよね。そういう時に、どんな物語に自分を組み立てられるのか。でも、安直な物語に自分の身を委ねてしまったら、それは一種のファシズム、全体主義と同じです。そうではなくて自分なりの独自な物語を探るわけですよ。そのためには実はいろんな物語を知らないといけない……。

読むことを通して、これはいいけど、これじゃないな、自分が合うのはこれだなって考えていくことが大事なことです。だから、言葉は単にコミュニケーションのツールとか、実用として使っていくものだけじゃなくて、自分自身を支えていくものだし、自分自身を探るためのものでもあるし、同時に自分を縛るものでもあるわけでしょう。それなのに言葉のもつその力っていうのをすごく狭い所に閉じ込めてしまって「国語」を考えている。だから僕は今の新指導要領や共通テスト改革の担当者たちの「国語」観がかなり貧困なのではないかと思っています。

勝又　あの、内緒話だけどね、ある種の学問は奇妙に文学コンプレックスが強いから、それで文学などはいらないって言って。

伊藤　あぁ、なるほど。

小野英一　清水先生と紅野先生の編んだ『高校生のための近現代文学エッセンス　ちくま小説選』の帯にね、「小説とは世界の縮図であり、時代の鏡である。」と。これは、つまり、小説、文学を通して子どもたち青年たちは世界に触れるわけですよね。

紅野　そうですね。

小野　そのことが各自の生きる意味につながっているわけだから。

紅野　そういうことです。だけど、それは「国語」という教科のなかにあるべきで、それだけを独立させた王国に作り、文学は文学で別の王国にしてしまうのはまずい。生きた言語とその働きを、分散させることによって殺してしまうと思います。

松本　それは論理でもなんでもなく、いわゆる数学的な論理や、感情の論理、哲学的な論理とかね、いろんなレベルの論理があるんですよね。その間をね、こう、自由に設けるのが言葉なんですよね。それをね、抽象的な論理だけで話を絞っているのは国語学者にもいっぱい……。

勝又　国語の教科書に一章分ぐらいなら、家賃、契約書も面白いけどね（笑）。

伊藤　そう、そう、そうなんです。やっちゃいけないっていうことじゃなく、むしろ全然やってもらってかまわないですし、だけど、一つはやっぱり量の問題、あとは時期の問題があります。それこそ大学に行かない人のことを考えたら中卒でも高卒でも、中卒でも駐車場の契約書読めないとならないわけですよね。暴走族みたいな人（笑）がですね、駐車場は借りなきゃならないので、だから、今度の共通テストの内容は高卒にしてはやっぱりものすごく限定され過ぎていて、しかも、レベルも低いって思いますね。

教室の多国籍化

紅野　今後、高等学校だけじゃなく、日本の学校教育が大きく激変していきます。なかでもその一つは日本語ネイティブではない人たちが多くなることによる変化です。すでに多くの公立高校で現象として表れています。卒業生の一人が勤めている都立高校では、そこの生徒の使用する第一言語は十三種類もあると聞きました。十三種類の言語を話す子どもたちが生徒としているなかで「国語」を教えるとしたらどうなるのか。東京だけでなく、むしろ地方で浜松とかあるいは北関東の小都市では外国からやって来た方たちが大量に住んでいる。労働者として雇用されるシステムができているわけでしょう。そういう地域の公立学校っていうのは同じような現象になっている。そのときに「国語」という教科の名前で良いのかどうか、これが今問題としてもうある。当然そのことも念頭におきながら、先ほどの受験しない五十万人と、それからこれから何万人にもどんどん増えていくであろう多くの外国人、外国籍の人、さらに日本国籍ではあるけれども、大坂なおみさんのように日本語はあまり得意でないという日本国籍の子どもたちも出てきています。そういう人た

ちを対象にした言語の教育はどうあるべきか、という議論をやらなければならない。今回の改革のなかにはそれがまったく無い。学校で日本語の特別指導をする指導員を増やそうとか一部、取り込もうという案はあるんだけど指導要領のレベルのなかでは無いわけですよね。

勝又　それがあるから、こうなるということは言えないはず。

紅野　日本語ネイティブでない人も多くなるんだから論理性が大事になるという話ではありません。仮に日本語力の低い人たちが増えたからと言って、「駐車場の契約書」や法律的な文書の読解を求めるというのはまったくの筋違いですし、意味ありません。どうやって彼らが日本語そのものに親しみ、語彙を増やし、文法を覚えるとともに文化の違いを学ぶかをもしっかり教えていかなければなりません。たぶん各学校に日本語教育のできる先生を最低一人は用意するとかしないとフォローできない事態になると思います。いまの「国語」の教員が日本語を教える、日本語の教育はできるかというと、まったく質が異なるのでできないでしょう。日本語学だって日本語教育とは違うのです。外国語教育がそうであるように日本語を教えるというのは、別に育成しなければならない能力ですから……。

伊藤　そうですね。

紅野　日本語教育の能力を持っている人間を増やしていく、そういう政策とセットにして考えないといけない。ところが、どうも、新指導要領を改訂した人たち、中教審の人たちは、学習指導要領と大学入試を変えていけば何か全部が達成できるかのような錯覚をしている。万能感に浸っているのがおかしい（笑）。

伊藤　「駐車場の契約書」とかっていうのは何語かということは関係ないんですよね。日本語だろうが、英語だろうが、そういう意味での「論理」は別に何語で書かれていても変わらない。そのレベルの「論理国語」をやろうとしているのかというのが一つの疑問です。今、先生がおっしゃった流れで言うと、母語としない人に日本語を教えるというのは国語教員とはまた違う方法論が必要のはずですが、この新しくできる「論理国語」というのは、国語の先生は一回もそんなことを自分は習ってないのにいきなり急にこれを教えるってことになりますよ。ということは、しょせんそのレベルのことでしかない。大学で教員免許を取るために教科教育法とかで扱われたこともなく、それでもじゃあ明日から教えろって言ったら教えられるようなことを突然新科目として立てようとしている。

勝又　司法書士とか、そういう先生（笑）……。

伊藤　そのレベルまで行くんなら、またちょっと話が違いますけど。まあ、明日から教えなさいって言って、今の高校の先生たちが全員教えられるだろうっていうことを想定しなきゃこんなことはできないことなのでレベルは当然下がる。

紅野　狙いとしては多分、その教員養成の教育をもう一回変えるつもりなのでしょう。

今、新しい教員養成プログラムはかなり複雑になっていて、沢山の科目を習わなければならないような状態になっています。科目の足し算ばかりです。この年代の人たちが教員に就くときにはできるようになるだろうと踏んでいるんでしょうけれども、果たしてどうか。教員の職場自体がブラック職場になっていることが知られていますし、団塊の世代が退職して就職の窓口がかなり拡がっていた時期は良かったんですが、これから、また、狭まる状態になっていきますので、教員になる人が少なくなる。その段階でさらにまた科目を増やして負担を大きくした場合、教員になりたいという人たちが集まるかどうか。さらに優秀な人となるとかなり悲観的になります。教職大学院でも法科大学院の失敗と同じようなことが起きかねないというふうに思いますね。

伊藤　法科大学院の失敗ももちろん、教育の問題は日本全部の……。

紅野　本当にそう。

勝又　そうだ。そうだ。

伊藤　全体の問題ですからね。

紅野　中教審などの審議会の段階からいろんな議論があって、さまざまな委員会のプロセスを経たんでしょうけれども、もっとヒアリングをすべきだった。僕などは伝統的な「国語」教育を守れと言っている現状肯定派のように言われていますけれど、でも、対立点を明確にしながらしっかりと議論をして、プログラム作りをしていかないと、現実のものとして機能しないと思うんですよね。

松本　基本的に僕はこれ考え方が古いんじゃないのかな。

伊藤　社会がどんどん複雑になって、契約書なんかもの凄い量になり、実際みんな読まないでサインをするじゃないですか。でも、実際には読まなくても社会は動いています。「信頼社会」と言って、お互いのことを社会の仕組みとして信頼できる。大事なことは、自分の周りで信頼できる人を探す。だから、そんなに契約書で困るってことは社会の仕組みとして、今、少なくても日本のなかではそんなに問題になっていないだろうと。本当に土地取引の詐欺で騙そうとする人に

対しては、専門家でも騙されてしまう。契約書が読める読めないの問題じゃない。

勝又　この契約書そのものが難しいんじゃなくて、それをどうするかって回りの解釈してるところをもう一回解釈すれば。

紅野　複数の非連続的テキストを読み解くことができるかどうかも求められる能力だとされていました。つまり今までだったら、一つの教材、一つの評論、一つの小説を読むことが中心でした。ところが、今度は種類の異なる資料、図表だったり、グラフだったり、絵だったり、写真だったりするものを組み合わせて読めるかどうかを問うと言っています。

勝又　なんか違う意見も取り込む。

紅野　でも、本当に違う意見なのか（笑）。どうかは分からない。

伊藤　ちょっと細かい話になっちゃいますが、新しい共通テストは、必ず複数テキストにしなくちゃいけないという決まりがあって、評論もABってこの二つの文章を読ませるんですよ。そうすると、一つの文章の長さが今までの半分になるので、論理展開がなくなるんです。これまでは長い文章のなかで論理の展開があったのが、短くなって単に説明だけになってしまう。筆者の考える論理の痕跡を辿るっていうことを、しなくて良くなっちゃって、単に情報をこう集めてきて解答するっていうような、問題になっています。むしろ論理としてのレベルが落ちちゃっていると思いますね。

勝又　酷いな。もう二〇二一年実施は決まっちゃってるわけ？

伊藤　センター入試は二〇二〇年が最後で、共通テストは二一年から。そうですね。

勝又　この方向は動かしようがない？

伊藤　変えられない。

学習指導要領の拘束化

紅野　動かしようがないです。共通テストに関して言えば、「英語」の民間試験導入が決まり、近い将来、共通テストから「英語」の試験が消えていくっていうスケジュールで動いています。これに関してはその民間試験の選定、そして異なる民間試験の点数を果たして公平に扱えるかをめぐって、疑問や反対意見がだいぶ出ています。「国語」に関しては、ほんとうは相当に大問題なのですが、記述式という非常に限定された部分の増設ですし、幾つもある問題のなかの一つだろうということで、まだ緩く見られているように思います。しかし、もう一回その見直しを求めていく必要が

ある。もう一つの「学習指導要領」の方はもう告示されてしまいましたから、十年は揺るがない。そうすると、それをどこまで解釈を広げて実のあるものにできるか。今までの「国語」の良い部分を残しながら新しい部分と組み合わせて、いかにより洗練された「国語」に作り変えていくかを目指していくしかないと思います。

伊藤　教科書会社の人たちと現場の先生方が、どれぐらい指導要領をうまく読み替えるかということです。まあ解釈（笑）、それこそ、そこの読解力なんですね。

勝又　憲法九条と同じように（笑）。

伊藤　まあ、弾力的に。

紅野　そこで、だから、もう一つの問題は「学習指導要領」とは何か？　という問題なんですよ。「学習指導要領」は戦後、日本の文教政策のなかに取り入れられるわけですが、当初、アメリカ占領軍によって入れられました。そのときは手引きであって、つまり、内容を束縛するものではなかったのです。その後、「学習指導要領」の改訂は十年ごとに行われるのですが、ある時期までは手引きであるから、一応、参考にはするけれども拘束力はなかったんです。ところが、九十年代ぐらいから指導要領に従わない学校や教師に対する罰則が課せられるようになって拘束力が強くなりました。今回のものはとりわけ内容面において拘束をするという形になったわけです。ですから、指導要領に掲げられていた課題、たとえば、「国語」ならば「話すこと」「聞くこと」「書くこと」「読むこと」という言葉をめぐる四つの能力を学ばなければならないと書かれている。これまでもそうだったのですが、今までの高校現場では「読むこと」だらけで、指導要領に従っていないと言って来たのです。なかでも「話すこと」「聞くこと」に関しての教材や学習が無い。それを必ず教材として入れろ！　ということになり、すべての教材をこの要素のなかのどれに該当するかを全部一覧表に出して、生徒がそれを見て、自分は何を学んでいるかを良く考えながらやらなきゃいけないということを言っている。「この教材を通して私は何々の力を身につけました」と言えるようにすべきであるという発想法でくるわけですね。これって、自分が教室で勉強しているときに、全学習過程のどこに位置して、どういう力を身につけているかをいつも分かる状態にしないといけないっていう考え方なんです。たえず自分の発達過程が分かる！　そのように合理化・体系化を行えるという壮大な錯覚のもと、指導要領が強い拘束力を持って、工程表のようなものを目指すことになってしまった。ある意味で悲劇であり喜劇です。これまで

も指導要領はあった。しかし、実態は現実に合わせてやっていました。ところが、今度は実態をむしろ従える形で指導要領を用いることになると、教員の負担はたいへんなことになってしまう。

伊藤　学校の先生方も指導要領なんか読んでなかったって先生いっぱいいらっしゃったんですけど、今回は、かなり指導要領に沿って締めつけを厳しくすると。たとえば高一の国語総合っていうのは、二つに分かれて「言語文化」と「現代の国語」。「現代の国語」が「実用国語」なんですが、でも、まあ、そんなもんやんなくて今までどおりやれば良いやっていう先生は許さないと。視学官が回って、もし、その「現代の国語」をやってないところがあったら、その単位を未履修にするという話があって、視学官って、まだ居るんだ（笑）。

勝又　ほら、「君が代」を歌わなきゃいけない。

「君が代」の実用性

紅野　そう。そう。そこで僕はこういうことをディコンストラクションしたい。いま勝又さんが言われた「君が代」問題。あるいは校歌の問題でもいいんですが、「君が代」を例に出せば、「君が代」という言葉のかたまりにおいて実用性とは何だろうかと。

伊藤　うーん。

紅野　つまり国歌を歌うことによって我々は何をしているんだろうか。言葉の問題として考えてみるとき、これはコミュニケーションではない！　情報伝達ではない！　わけですよね。文法を軽視してしまえば、「君が代」の歌詞の意味は分からないですよ。だれかに意味を伝えるわけではないことをやらされている。歌、もともとの和歌と言ってもいいですが、歌うという行為自体に意味が付与されている。この歌を斉唱することを国民の義務であるかのように設けていくことのなかに、どのような言葉の問題と政治が絡み合っているかを考える。そうしたら実用的な「論理国語」だけではない「国語」の一面が実は浮かび上がるはずなんですよ。

勝又　なるほど。それは良い話だ。「君が代」の意味を教えてくれれば、国語も分かる、考えられるわけだ。

紅野　明治以降に付加された意味では、天皇家の永久の存続繁栄を言祝《ことほ》ぐことが入るのですけれど、言祝ぐとは、どういうことか。実用国語では絶対あり得ないことでしょう？　我々がある言葉を発して、自分の人生なり、あるいは相手なりに対してその言葉を贈ることによって永遠の命を与えようというわけで、言葉の呪術的な力が国歌には込められている。校歌も同じよ

うなものでしょう。そうした言葉の呪術性が「現代の国語」や「論理国語」からはまったく消えている。「言語文化」などでも、単なる伝統と呼ばれているもの、干乾びた伝統だけ大事にしようってことになっている。それじゃあ、やっぱりまずいんじゃないのかと。我々はいかに言葉に縛られているかをまったく考慮に入れていない。

伊藤　多くの高校が「文学国語」でなく「論理国語」を採り、みんなが「契約書」や「高校の生徒会規約」を読めるようになったとして、しかし日本がどうなっていくのでしょうか？　乾燥した言葉の情報処理だけができるようにはなったとしても。最近読んだ記事で恐ろしいなと思ったのは、オランダの「アムステルダム自由大学」という日本でいう東大にあたるような大学が〝もうオランダ語科を廃止する〟と。

勝又　なんだ、それは？

伊藤　東大から国文科がなくなるというようなことですよね。もう儲からないから。理由は志願者が減ってきてっていうことですけれども。だから、だんだん、そういうふうに日本もなっていくのかなと。

勝又　かね。オランダには文学遺産ないんだ、となるね。

伊藤　（笑）。いやいやいや、エラスムスとか、たぶんいると思いますが。要は、実はこれ日本だけじゃないということです。

紅野　世界的に起きていますね。

伊藤　世界全体が、経済的な理由だけで動こうとしていて、そのなかで日本もそれに乗っかろうとしている。多分、産業界からの政府に対する要請があると思うんですけれども。

松本　たとえばね、日本だったら、やっぱり万葉集なんていうのがあって、我々は結局千何百年も、ぱっと過去へ遡ることができるわけですよ。多分、日本だけの可能な世界だと思うんですよ。そういう千数百年の間を自由に行き来して、これを我々がなんで使ってい

るかと言ったら、やっぱり、何らかの論理やなんかを使って、ちゃんとやってるんですよ。それが、今の論者は、それを論理だと思わないだけの話であって、これは明らかに非常に豊かな、柔軟性のある論理であるはずなんですよ。そういう日本語の良いところ、日本文学の良いところっていうのを、全部削って「駐車場の契約書」だけに集約しちゃうっていうのはね、それはいくらなんでもこれは滅茶苦茶ですね。

紅野　背景にあるのはグローバリズム問題です。グローバリズムがヨーロッパのような国々においても人文学を狭めている状態になっているわけですね。いろんな国々で同じような現象が起きていて、そこには英語中心主義も関わります。ただ、そう簡単にいかないのは、この間のEUの問題を見ても分かるように非常に複雑になって、その反動もまた起きたりしています。日本で起きているものもそういった世界的な人文学へのバックラッシュのようなものですね。OECDの生徒の学習到達度調査PISA《ピサ》テストの順位に一喜一憂するのもその現れです。開始当初の二〇〇〇年には日本が上位にいたのが、低くなってしまった。その上がり下がりで「ゆとり教育」をやめてみたり、読解力が必要だと言ったり、これからはICT教育だとなったりしている。でも、あのテストについての反応は真っ当かな？　と思うところがあります。

国際成人力調査

紅野　国際成人力調査PIAAC《ピアック》という、PISAとはまた別の調査があるんですよ。PISAっていうのは十五歳を対象にして行われている調査ですが、そのPIAACは大人の方で、こちらは十六歳から六十五歳まで。この幅のなかで読解力とか数的思考力とか、いろいろチェックするんですが、読解力に関していうと日本が一位なんですよ。これは、もちろん完全PISAと同じテスト内容ではないので一概に判断できないわけですけど、なぜ、日本が読解力が一位なのか？と考えたときに、もちろん家庭教育や社会教育もあるけれど、日本の学校教育がもっていた意義とか意味はかなり大きい。「国語」の果たしていた役割とか、あるいは、世界でもまれな出版産業、文学という文化が果たしていた役割などを総合的に考えていかないといけないんじゃないかと思うんですよね。

勝又　文化は高いよね。

紅野　ええ。

勝又　そういう問題だ。

松本　だから、この間フランスでは、父と母の呼び方

を、「親1」と「親2」っていうふうな……。フランスのある種の合理主義を突き詰めると、そういうところへ行くだろうと思うんですよ。だから、そういうところへ行っちゃいけないんですよね。近代化っていうものの近代の論理性っていうものがね、果たしてどういうものかということを、ちゃんと考えないと、とんでもないことになるという（笑）。というふうに思いますね。

紅野　うーん、くわしくないから分かりませんが、それはどうかなあ（笑）。「親1」と「親2」というのは両親が必ずしも男女とは限らないとか、養子制度とか、もっと複雑な家族関係になっているので、その辺のところで父と母という呼称でおおえないという……。

勝又　あーそっかぁ。

紅野　従来の異性愛中心ではない家族構成が生まれてきていることが関わっているのでは……。たとえば、女性であって一度結婚して子どもを産んだ。けれども、自分の心のなかの性別は男だと分かった。そこで、子どもがいるのだけれども、その女性が男性に性別適合手術を受けて、しかも男性とペアを組んで暮らしている。そういう人もいます。子どもの視点に立ったとき、その親をどう呼んだらいいかという問題もありますね。まさに『キッチン』（吉本ばなな）などに描かれている世界でもあります。

松本　だからそれは、普遍化しちゃいけないんですよ。やっぱり特殊例だと考えるべきなんですよ。

勝又　あーっ。それは危ないな。

松本　だから、特殊例は特殊例として、扱うだけの許容力を我々がもたなきゃいけないんですよ。そういう問題だろうと思いますよ。これを平等にしちゃうから駄目なんですよ。そのフランスの極端な近代化っていうのは、その単一的な近代化って、論理でいっちゃう。

採点の問題

小野　だけど、たとえば、フランスのバカロレアなんかは、本当に思考力を要するし、規律の力を見ているんですね。だから新たな日本の国語っていうか、まあ、日本語教育ですごく参考になると思うんですよ。そういうことについて、先生は。

紅野　おそらく審議会などではバカロレアをモデルにしたいという話は何度も出たのではないでしょうか。しかし、その定着にフランスは長い時間をかけた。その余裕がなく、すぐに成果を出したいと性急になった結果がこれなんですよ。「高校生のための学びの基礎診断」という名称がついているんですけど、高校のと

きの普段の勉強をきちっとチェックするような全国テストをやろうという考えがあったようです。けれども、これは五十万人どころじゃない、百万人を対象にしたテストになる。それができるか、できない。

小野　採点の問題がありますね。

紅野　だから、バカロレアの問題は、重要なんですけど、これを実際に日本のなかに適用させようとしたら、困難だと分かった。そんなこと一分で分かるはずなんですが、困難だと分かったら、簡略化したバージョンにしようというのが現状なんですね。そこで「高校生のための学びの基礎診断」は民間業者に委ねてしまうという話になっています。これはまた身も蓋もない話になってきています。かつて業者テストを中止させたのが文科省なのに。そこにまた、教育が新しいマーケットだと考えている人たちが民間の業者テストを導入すれば収益になりますから、ここに参入してきているわけです。当然、ここにまた、利害の結び付いている政治家がいるので、たいへん危険でもあるわけです。

小野　経済原理で動いている。

紅野　もう動いている。

伊藤　それしかないですね。ただフランスは中学生、高校生の辺りから分かれていて「バカロレア」を受けるって、もう、かなり特殊な層ですね。もう高校へ行く時点で工業高校などに……。

紅野　何種類か分かれますからね。

伊藤　そうなんです。高校の時点で、大学に行けるコースと行けないコースって分かれちゃっているので。

紅野　日本の社会で大学へ行く人が大した数ではないという状況であれば、それもありえたかもしれません。義務教育を受けて社会で働いていくことがまず普通の選択で、大学へ行くのはレアな人たち、たまたま恵まれた階層に生まれたとか、何らかの優れた能力があるために特別に進学できて奨学金も与えられるということであれば。しかし、日本はそうした階層社会ではなく、中間層の多い中流社会です。そこで大学進学率は五十パーセントに増えた。でも五十パーセントということはまだ半分なんだから、その半分の人たちのことをしっかり考えながら……。

伊藤　そうですね。

紅野　やらなければやはり駄目でしょうし、五十パーセントの質を上げるための努力も必要なんですけど、現状のこのような改革でそれが到底できるとは思えない。

松本　日本の科学だって、たとえば、湯川秀樹なんて、やっぱり彼の発想は中国古典の老荘とか、そういうのが大きな力になってるでしょ。だから、岡潔っていた

でしょ。あの人なんていうのは相当な変わり者だけど、そういう人を全部排除して、本当の広い広がりを、学問っていうものを全部排除しようっていうのかね。

勝又　もう、教養課程を全部捨てるっていうね。

『銀の匙』と『コンビニ人間』

松本　だから、ノーベル賞なんていうのはもう全部いりません。人類の進化にも関係しません。それこそ、エコノミックアニマルだけでいきますっていう、そうじゃないですか。

紅野　でも、エコノミックアニマルは嫌だけれども、この改革でエコノミックな成功も約束されないんじゃないか。

松本　全然、約束されない。だから新しい企業が出てこない。そしたら金なんか儲からないですよ。みんな下請けですよ。世界の下請けになろうという。

伊藤　そうしたいんじゃないですかね。上手く使われる、あんまり自分の人生を疑問をもたずに上手く使われる、部品とか歯車としての国民を作りたい。英語も会話に特化していくというのはそういうことです。多分この制度では、より深く何か英文を読むっていうのは一部の人だけができれば良いっていうことになる。全体としては、できるだけ均一な部品を作っといて、まあ、できる人は勝手にやってくれって。

紅野　背景にあるイデオロギーがどういうものかはなかなか難しい。ただ実際、現実的にこういった政策を作ったり指導要領を作ったりしている人たちの多くはおそらくたいへん真面目な優等生の元教員の先生たちなのではないでしょうか。で、僕はその真面目さこそが問題であって、学校教育は万能ではないし、ある種

の不真面目さとか……。

勝又　そうだ。

紅野　強制された学校教育から逸脱するものをどうすくい上げるか、あるいは予測不可能性のような不透明さを抱えながらやっていくものであって……。

勝又　それが文学で国語なんだ。

紅野　そうなんです。「国語」がもっていた幅というか、学校という息詰まる空間のなかで「国語」がもち得た包摂可能性があったと思うのです。

松本　だから文学が狙い打ちされているっていうわけね（笑）。

紅野　そうです。そうです。たとえば、芸術の方に興味をもって美術室へ行ったり、音楽室でいろいろ主要教科ではできないことをやったりしている生徒がいました。でも、それは選択科目でどうしても限られています。ところが、「国語」という教科は必修で主要三教科一つです。その「国語」のなかで今までとは違う世界観を学んだり、新しい言葉を知ることによって世界が変わって見えるような、そういう瞬間があったように思います。その機会を摘むというのは「国語」を変えるだけでなく、教師の役割を変えてしまうように思います。

小野　伊藤先生が紹介してくださった灘校の橋本武先生の……。

紅野　『銀の匙』の先生ですね。

伊藤　はい。

小野　あの徹底した国語教育で、むしろ全教科の成績が向上したというか。

伊藤　まあ、三年間、一冊小説（笑）を読むだけっていう凄い授業ですからね。それでやった人たちは多分、十分論理は身についていると思いますね。教え子の中には最高裁の事務総長とか日弁連の事務総長とかになっている方がいるわけですから、じゃ論理的なもう「契約書」どころのレベルじゃない人たちがちゃんと育って、東大の総長だった教え子の方も法学部出身です。小説の教材でも論理はつくと思いますよね。だから、これはもう具体的な話になりますが、文学教材を使ってもそのなかでたとえば「学習の手引き」とか、そういうところで論理を抽出して読ませるような工夫だってできたはずなのに、なんで「論理」と「文学」なんていう変な二つに分けちゃったのかなというふうに思いますね。

紅野　不確実性への耐性がなくなるというか。

伊藤　恐怖がある。

紅野　恐怖となるだろうし、曖昧なものに我慢できなくなってきているんですよ。明確な形で自分の位置を

決めて、何をやっているかがはっきりしないと不安になるという、そういう状態になっているのではないかと思いますね。

勝又　答えが無いから文学は嫌いだっていう人がいるからね。

松本　最近、コンビニのアルバイトが変なことするでしょう。ああいうことは絶対起こらないように！　って一生懸命やってる感じね、これっ（笑）。

伊藤　コンビニの例で言えば、村田沙耶香の『コンビニ人間』という小説で、彼女の主人公っていうのが、正しくその間が自分では決められないので全部マニュアルで決めてくれと、そうじゃないとマニュアルに無いことは何も言えない、できないと。そういう人を作ろうとしているんじゃないかなという気がしますね。

勝又　そういうことなんだろうね。どうも戦後教育の理念に反するね。自主的に考えて自分の考えを持つという。

伊藤　そうですね。管理にふさわしいような……。

勝又　しやすいような人間を作る。

伊藤　しやすい人間を作っていく。

伊藤　今回の改訂では「主体性」っていうことが、凄く重視されているんですけれども、でも……。

紅野　キーワードは主体的って。

勝又　真反対なことをやっている。

紅野　だから、言葉がもう空疎になってしまっているということなんですよ。

松本　言葉ってね、本当に主体的にね、戦わせなければいけないものでしょう。だから、いろんな形で言葉はねっ、個人個人によってその言葉は同じ言葉でもね、接し方でいろいろ変わるはずなんですよ。

紅野　いやぁ、そこは見解が違っていて、言葉は主体的に内側から湧いているものではありません。むしろ、その外側にあるのだと考えています。人には親の言葉、他者の言葉、社会の言葉を覚えない限り使えないという、受け身の要素がある。だから、不自由なわけですよね。言いたいことがあるけれども、うまくその言葉が見つからない、選べないというのは、その言葉のもっている不自由さだと思います。その不自由さのなかで、しかし、ある言葉と言葉を組み合わせていって自分の感情なり思いなりを不器用に表現するときに初めて主体性が生まれることになるのですが、ここで言われている主体性というのは、むしろ、偽りの主体性で、もう徹底的に従う側の主体性にしかならない。対話もつまり絵に描いたシナリオとしての対話であって、対話のもっている逸脱や脱線、ちょっと話の筋がよく分からなくなったりするような、混線する対話の豊かさを

捨て去ってしまっている。

伊藤　むしろ、本当にここまで考えているとすれば、そういう受け身っていうか、管理されたものでしかない言葉を主体的な言葉だと勘違いしているっていうところが……。

紅野　そうです。

伊藤　可能性がありますね。あるいは、自ら望んでやっている。

勝又　そういうことに気付いてもらうために文学は大事だね。

紅野　そうです。そういう文学の役割がかえって見えてきたと思います。

（完）

第二部　教育の未来

石原千秋／梶川信行／三田村博史／五十嵐勉／富岡幸一郎

コラム①

俵万智

新国語で何が終わるのか

石原千秋

「ああ、これで日本の人文・社会科学系の学問は終わるな」と思ったことが三回ある。

一回目は、カルチュラルスタディーズやポストコロニアリズムが全盛となった時期で、多くの論文がほぼ必然的に「政治的正しさ」によって論じられ、結論づけられていったときだ。論文を読む前から結論はわかっているわけで、面白くないこともさることながら、ちょっとでも「政治的に正しくない」ことを書こうものなら、魔女狩りを思わせるバッシングを浴びせかけるような、何とも息苦しい空気が学会を支配した。しかし、「政治的正しさ」を振りかざす人達は、自分の生み出した基準でないのに、それで誰かを批判できるのだから嬉しくて仕方がないのか、生き生きしていた。それは他の「正しさ」からすればプロパガンダにしか見えないのだが、それが少しでも意識改革につながるのなら否定はしない。問題はこの人たちに他者との対話の精神がなかったことだ。根本は「炎上」と同じである。ところが、こういう人達が口を開けば「多様性を大切に」などと言うのだから、その自己矛盾には気づかないらしい。要するに、カルスタもポスコロも研究者から徹底して思考力を奪ったのだ。

二回目は、二、三年前のこと。NHKがまだ少しはまともだったその頃の七時のニュースを見ていたら、「第一生命が、六五歳以上の社員も嘱託ではなく正社員として雇うことになった。これは人手不足に悩む大企業に広がっていくだろう」という趣旨の報道が流れた。瞬時に「これで日本の学問は終わるな」と口にしていた。大学は、研究者がはじめに終身雇用の職を得るのが三五歳なら「まあ、よかったね」という世界である。そして、定年は六五歳から七〇歳が多い。二二歳から七〇歳まで働く会社員との生涯賃の差は、少なく見積もっても一億円をくだらないだろう。しかも、就職できない研究者の人数は毎年千人単位で積み上がっていく。いったい誰が好んでそんな不安定な職を選ぶだろう。事実、大学院進学者は激減している。

三回目が、今度の「国語改革」である。研究者や文学者からの批判的発言も多いが、率直に言って、これまで国語教育に関してほとんど発言してこなかった人

たちが「何をいまさら」という思いが強い。ずいぶん前から国語教科書について発言してきた僕からすれば、どれだけ立派なことを言おうと、いよいよ追いつめられて既得権を守るために発言しているようにしか見えない。「文藝家協会ニュース」(二〇一九・二)に「高校・大学接続「国語」改革についての声明」が掲載されているが、文学の価値を無条件に前提し、一言たりとも説明しようとしないこの無味乾燥な文章が「文藝家」を代表するのだろうか。そもそも、少なくない数の「文藝家」がこれまでの入試国語を軽蔑し、過去問問題集への再掲載を拒否してきたではないか。そういう姿勢とこの声明にいったいどういう一貫性があるのだろうか。そこには傲慢さだけしか見えない。

それでも本気で立ち上がった人には敬意を払う。たとえば、『国語教育の危機』(ちくま新書)の紅野謙介氏であり、啓蒙的発言も含めて、批判的言説を発信し続けている伊藤氏貴氏である。紅野謙介氏の主張は、インタビュー「共通テストの先にある教育の一元化・画一化」(『学研・進学情報』二〇一九・八)に簡潔にまとめられている。ほぼ全面的に共感するので、ここでは氏の意見には踏み込まない。

今度の「国語改革」で「ああ、これで日本の人文・社会科学系の学問は終わるな」と思った理由は簡単である。この教育を受けた高校生が大学に入学して、論文はおろかレポートが書けるイメージさえまったくわかないからである。契約書や規則書のような論文?ご冗談でしょうと言いたい。僕は陰謀論者だから、文部科学省の狙いはむしろここにあるのではないかと勘ぐっている。たとえば、現行の国語教科書や大学入試の評論はほとんどがリベラル系で占められている。保守系はまずない。文部科学省はこれを破壊したいのではないだろうか。そのためなら、思考力そのものを根底から奪っても構わないと判断したのだろう。いや、そういう判断力さえなかったのかもしれない。

今後の共通テストで大きな被害を受けるのは、自前の入試問題を作らずにすべて共通テストに乗ってしまう私学である。国公立大学は二次試験ができるし、共通テストの合否に占める割合を工夫できれば、被害は小さくできるからである。共通テスト導入で国公立と私立との格差は広がるだろう。

僕は大学一年生の授業がもっとも重要だと考えているし、事実一番面白い。いま勤務している大学の国語国文学科には「基礎演習」という、いわば導入教育の科目がある。はじめにわざと何も指示しないでレポートを書かせると、新入生はほぼ三通りにわかれる。多くは「まとめ学習」で、小説のストーリーをまとめる

だけのもの。二つ目は「良い子の作文」で、道徳的な教訓を読むもの。三つ目は、感想文である。こうした学生に「紙の上の不良になれ」と説く。

それはレポートの構成と文体の問題である。大学では「私は〜と思う」という文体では通用しない、「〜は〜である」という文体でなければ通用しないと。もちろん、現実には「（私は）〜は〜である（と思う）」なのであって、発想の根っ子は「私は〜と思う」にある。しかし、それでは感想文にしかならない。この「（私は）〜（と思う）」を消すためだけに大学の四年間があると言ってもいいと、もちろんやや誇張して言う。つまりは、説得の技法を学ぶのである。説得の技法とは、つまるところ他者との対話である。それが成功していれば「論理的」と評価されるだろう。

しかも、それは「個性的」でなければならない。そこで、また構成と文体。「ふつうは〜、しかし〜」構文を身に付けさせる。構文とはすなわち発想である。ほんとうに個性的な人間にこういう教育はいらない。しかし、多くの学生や教師（もちろん僕も）は天性の個性など持ってはいない。そこで、「ふつう」が何かをよくわきまえた上で、それとはちがったことを書く「勇気」を身につけてもらうのである。個性的なことを書けば必ず批判されるからである。批判の数は個性が得た勲章である。

もうおわかりだと思うが、僕が求めているのは、文学的な感性とそれを伝える論理である。それは自己と他者との熾烈な対話である。そして、これがエリート教育であることもまちがいない。「自分の頭で考える」どころか、「自分で他人とは違った問いを見つける」のだから、超一級のリベラルアーツにもなる。文学教育とはこういうものでなければならない。今度の「国語改革」からは、こういうことができるイメージがまったくわかないのだ。それとも、僕の大学教育がまちがっているのだろうか。

それからさすがにもう下火になったが、「役に立つ／役に立たない」論争に巻き込まれる愚を犯す人が実に多かった。世間で言う「役に立つ」は命が救えるとか便利になるとかだから、それはそれで基本的には結構なことだ。だから、この枠組みに乗ったら勝ち目はない。この枠組みは無視すればいい。僕は「時評　文芸」（『産経新聞』二〇一六・一一・二五）で、文学を含む文化こそが世界の形を決めるのだと宣言したことがある。だから、国語教育には文学が必要なのだ。

いま、その文章に少し手を加えて以下に再録しておく。僕が言いたいのは「今度の国語改革が終わらせるのは文化であり、それを伝える論理だ」ということで

ある。（断っておくと、この原稿は一本いくらなので原稿料稼ぎではありません。念のため。）

＊

かつてコンニャクゼリーが開発されて、子供が喜んで食べた。ところが、これをのどに詰まらせて死亡する事故が起きた。そこで、危険な食べ物という認識が広まり、業界はのどに詰まりにくいように自主的に改良した。のどに食べ物を詰まらせて死亡する事故は毎年四千件以上起きていると言う。コンニャクゼリーの事故は平均すると毎年二件あるかないかだった。レアケースだったのだが、大きな問題となったのだ。

お餅の死亡事故は毎年百件以上もある。コンニャクゼリーの比ではない。しかし、毎年これだけの死亡事故が起きていながら、お餅を改良しようという議論は起きない。理由は、お餅は文化だがコンニャクゼリーは文化になっていなかったからだろう。水の事故死も毎年百件ほどだが、止めようという議論にはならない。自動車事故に至っては、毎年四千人以上の死者がでる。これは経済効果もさることながら、便利という名の文化になっているから、車を廃止しようという議論は大きくならないのだろう。文化ほど平気で人を殺すものはない。

かつて自民党は、臓器移植促進のためにいわゆる「脳死法案」を国会に提出した。しかし採決に当たっては、個人の死生観に関わる問題だとして、党議拘束をかけなかった。実際、自民党からも反対票がでた。政治が医学の問題を文化にゆだねた瞬間だった。

話をぐっと大きくしよう。いま、アメリカでは核兵器の小型化が進められている。もちろん、ミサイルに搭載するのには小さい方がいいからで、したがって北朝鮮も核兵器の小型化には熱心だが、アメリカの場合はほかにも理由がある。

いま仮に広島・長崎規模の核兵器を実際に使用したら、いかにアメリカといえども国際社会から強烈な非難をあびることは避けられない。そこで、小型化して使いやすくしようとしているわけだ。大統領も、核兵器の小型化には賛成だという。その使用は内戦を止めるためなどといった「人道的支援」に限るとして、これにもし「人道的核兵器」という名を与えたらどうだろうか。きっと使うだろう。名を与えることはそれを認めることだからだ。そして、名を与えるのは文化の仕事なのである。

もちろん、文化は不変ではない。テクノロジーによって変質しながら生き延びることもある。写真はデジタ

ル技術によってフィルムを使わなくなっても写真である。これからの映画はコンピューター・グラフィックなしには生き延びられない。そして、文学も電子書籍が一般化しない限り、生き延びられないだろう。人間の感性がテクノロジーによって変わることもある。「時間厳守」という文化と感性が、鉄道の発展によって形成されたことはよく知られている。

文化をあまりに固定的にしてしまうと、民族問題を激烈に引き起こす。人々の共感が得られる限り、時代につれて文化はゆるやかに変化してもいい。

私の言いたいことはこうだ。世界の形を決めているのは文化であると。テクノロジーは、人の望むことなら何でもかなえてくれる。あるロボット研究者が言っていた。「もうすぐ、人のできることならすべてロボットができる時代が来る。では、人が生まれて、やりたいことをすべてロボットに任せて、ベビーベッドに寝たまま寿命を全うするのが人間らしい生き方と言えるのか」と。ここには「人間とは何か」という問いがある。彼にして悩みは深いようだった。

東京大学受験を目指していた人工知能・東ロボ君が、撤退した。情報処理はできても、文脈が理解できなかったからだと言う。ここにも「人間とは何か」という問いがある。いずれｉＰＳ細胞で人の脳を作る時代が来るだろう。人類に「人間とは何か」という問いが厳しく突きつけられる日が、もうそこまで来ている。

テクノロジーは自動作用があるかのように進歩する。それを止めることができるのは文化しかない。どこまで進歩させるかを決めるのも文化しかない。それなのに、大学では文系学部の縮小は止まりそうもない。それは、私たちが世界の形を決めることができなくなることを意味する。いや、世界の形の決定権をすべてテクノロジーに委ねることを意味する。私はただこのゆえに、文系学部の縮小に反対する。今度の国語教育の改革に反対する。

誰のための古典教育か

——文法中心の授業はもう終わりにしよう

梶川信行

1

ベネッセ教育総合研究所の調査（二〇〇五）によると、大学生六四六三名のうち、古典が「嫌い」だったと答えた学生の割合は、五七・六％であったと言う。現代文から芸術までの一九科目の中で、「嫌い」度第一位である。おそらく、この傾向は今も変わらないだろう。高校生に対する調査の中には、「嫌い」とした生徒の割合がもっと高いものもあった。私の勤務する大学の国文学科でも、古典が「好き」か「嫌い」かと尋ねると、「嫌い」が多数を占める。その理由は、ほとんどの学生が「文法」だと答える。その傾向は、私が今の大学に赴任してからの二十数年間、まったく変わらない。

私が教えて来た学生の多くは、付属高校を中心に、大学に進学する生徒が大半、もしくは多数派という高校の出身である。彼らのほとんどは、古典の授業は文法が中心だったと答える。また、解釈とは現代語訳のことだと思っている。作品自体を理解することよりも、文法に対する理解が目的化したような定期試験を受けて来たと言う学生も多い。

一方、きちんとした文章の書ける学生は少ない。彼らは「書くこと」の指導をほとんど受けて来なかったと言う。段落をつけることすら知らず、ズラズラとした文章を書く。口語と文章語の区別がついていない学生も多い。

私のささやかなリサーチによる限り、中間層に位置する現在の高校の最大公約数的な古典の授業は、昭和四十年代に私が経験した進学を中心とした普通科の公立高校の授業と、あまり変わっていないように思われる。現行の学習指導要領（平成二十一年三月・文部科学省告示）の必履修科目「国語総合」で、「文語のきまり」について述べているのは、たくさんの指導項目の中の一つに過ぎない。ところが、教育現場では、その部分が肥大化しているように見える。反対に、「書くこと」を典型に、ほとんど無視されて来た指導項目もある。

こうして見ると、古典そのものが嫌われているのではなく、文法を中心とした古典の学習が嫌われている

のだと考えざるを得ない。『万葉集』という古典を専門として大学で禄を食んでいる私としては、とうてい見過ごすことのできない大きな問題である。

2

文科省の学校基本調査によると、高校への進学率は、昭和の終わりの六十三年度、九四・五％だった。一方、平成の終わりの三十年度は九八・八％（昭和五十九年度以降は、通信制を含む）である。一方、新制高校が発足した昭和二十五年度の進学率は、四二・五％（女子は三六・七％）。女子が男子の進学率を上回ったのは、高度成長期の昭和四十四年のこと（男子七九・二％・女子七九・五％）。全体の進学率が九〇％を超えたのは昭和五十年、九五％を超えたのは、平成二年のことだった。昭和は進学率が右肩上がりで上昇した時代だったのに対して、平成はほぼ全入が定着した時代だったと見ることができる。

　また、四年制大学への進学率は、昭和六十三年度の二五・一％に対して、平成三十年度は五二・三％。その三十年間、男子が三五・三％から五六・三％に上昇したのに対して、女子は一四・四％から五〇・一％に上昇している。男子の一・六倍に対して、女子は三・五倍と、女子の進学率の増加がとりわけ顕著であった。

　つまり、平成の三十年間の変化を集約すると、高校がほぼ全入であるという状態が完全に定着したことと、四年制大学への進学者が過半数となり、大衆化がさらに進んでいる、ということになろう。したがって、高校教育はもちろん、大学教育の社会的役割も変わって行かざるを得ない。

　少子化の進行の中、多くの高校では、生き残りのためもあって、進学実績を重視している。大学入試対策のための授業の需要が格段に高まっている、ということであろう。その結果、一つの答えを導き出すための文法・現代語訳といった古典の授業に、一段と拍車がかかったのではないかと考えられる。

　こうした状況を踏まえ、誰のための古典教育かということを考えた場合、以下のような答えを用意することができる。

ア　センター試験など、大学入試で古典を選択せざるを得ない高校生のため

イ　学校教育を通じて「生きる力」（学習指導要領）を養うすべての中・高校生のため

ウ　学校教育とは関わりなく、それを学んでみたいと希望するすべての日本人のため

エ　進学実績を高めることで、自分の勤務する高

校の存続を安泰ならしめようという教員のため

オ　自分の専門とする研究分野が授業科目からなくなると困る大学教員のため

さしずめ私はオなのだが、現実問題として、立場が変われば右のすべてが正解であり、必要である、ということになろう。しかし、公教育としての現在の高校の国語で、もっとも重視しなければならないのは、当然のことながら、イの全入の時代の古典教育にほかなるまい。とりわけ必履修科目は、そうあるべきだと考えられる。

3

私は常々、古典を学習する目的と意義を、次のように考えている。

A　教養としての古典……中学・高校における国語の授業・大学における総合教育科目＝若者たちを知的関心の高い読者に育てる→古人の叡智に学ぶことを通して、心豊かな「人間」に育つための古典

B　学問としての古典……大学・大学院における日本文学系の専門科目＝教員及び研究者を育成する→真理を探究する対象としての古典

C　教養・娯楽としての古典……カルチャーセンター・生涯学習などの講座＝大人の読者たちを楽しませる→知識と教養を深め、心豊かな人生を送るための古典

右は、教育機関ごとに役割分担すべきものだが、現状は必ずしも、そうした区別が明確ではないように思われる。その典型が高校における文法中心の古典教育である。

昭和四十年代、私も高校で古典教育を受けた。その時、非常に熱心に授業に取り組まれていた国語の先生は、助動詞の接続を短歌の形にして覚えさせてくれた。半世紀近く経った今でも覚えているくらいだから、確かに効果的な学習法だったのだが、今思えば、まさに文法を中心とした古典の学習だった。

学校文法の基本は、昭和十八年に刊行された国定教科書の『中等文法　文語』（文部省）だと言われる。しかし、それを執筆した岩淵悦太郎（後の国立国語研究所所長）は、法則を丸暗記することを目的とした教材を意図したわけではなかった。それは、学習者自身に帰納的に発見させることを目的として、練習問題を解きながら理解させる形の本である。新学習指導要領の「主体的」な「深い学び」の先駆的な姿だと見られるほど、優れた教材である。しかし、それは旧制中学

の教科書であり、一部の選ばれた者たちに対する教育の方法だったことを忘れてはならない。

文法を基本とした訓詁注釈（古い言葉を現代語に置き換えて解釈すること）型の古典教育は、旧制高等学校などでも行なわれていた学問的な方法である。ところが、現在の国語の教科書の教師用指導書を見ると、どの出版社のものも、品詞分解と文法的な解説の頁が大きなウエートを占めている。そうした授業をすることを、教科書も推奨しているのだ。

スポーツで言えば、アスリートの養成と健康増進のスポーツは別に考えるべきものだが、文法を中心とした古典教育は、全人の生徒たちにアスリート向けのトレーニングを課しているようなものに思える。かつては一部の選ばれた者たちが対象だった学問的な古典教育の方法を、全人になって久しい現在も踏襲している。エリートならざる普通の生徒たちが嫌いになるのも、当然のことであろう。

しかも、少子化の影響で経費がかけられないことが原因であろうが、学習指導要領が変わり、教科書が新しくなっても、古典の単元の中身はほとんど変わらない。指導書もまったくそのままという教科書が多い。学習指導要領はほぼ十年ごとに改訂されて来たが、古典の単元の内容と指導書の記述が昭和から変わっていない教科書すら見られる。

古代から昭和の高度成長期まで、海外に圧倒的に高い文化と経済力を持った国があり、それに学ぶことによって国を発展させて来た時代には、受動的で知識注入型の教育もそれなりに意味があったのだろうと思われる。しかし、現在はそうした時代ではない。

今日は、人と物が大量に国境を越え、日常的に文化的な摩擦が起きている。同様に、時代を越えることも、異文化との遭遇である。現代人とは違った世界で生きた人々の言葉を学習することを通して、異文化理解に繋がる古典の授業をすることも、現代の国語教育の重要な課題の一つなのではないかと思われる。

4

高校での文語文法の学習は不要ではないか。私の勤務する大学の国文学科では、文法に関する授業は、多くの専門科目の中で、半期科目の二つに過ぎない。しかも選択科目であって、必修ではない。履修する学生も少ないが、古典分野や日本語分野で優れた卒業論文を書く学生は多い。少なくとも、高校の必履修科目の中の古典で、文法を学ぶ必要はあるまい。

『万葉集』や『古今和歌集』などの和歌の教材は、当

然、そのまま音読し、韻律などを体感することが必要である。しかし、物語などは現代語訳を利用しつつ読み進め、必要に応じて原文の醍醐味を味わうことでいいのではないか。あまり薦めたくはないのだが、文法の学習を含めるとすれば、上級学年の選択科目の中で、より深く学びたいという意欲のある生徒たちを対象に限定すべきであろう。いずれにせよ、〈古典＝文法〉という常識はもうやめにしてほしいと思う。

たとえば、古代和歌のアンソロジーである『万葉集』とどうつき合うかということで言えば、次のような二つの方向性が考えられる。

1『万葉集』を自分たちの感性で味わう
＝作品鑑賞的な万葉理解

2『万葉集』をあくまでも古代の歌として読む
＝研究者たちによる事実探求型の万葉理解

高校の国語の教科書の和歌の単元では、文学史的な知識として教えようとする一方で、自分の感性で味わうことも求めていることが多い。1と2を平行して行なう形だが、与えられた少ない授業時間の中で両方を行なうのは、とうてい無理であろう。些末な知識を与えることよりも、自分の力で深く味わう経験をさせた方がいいのではないか。

そもそも、教科書の和歌の単元の中で教材として選ばれた万葉歌を見ると、『万葉集』そのものではなく、後世の秀歌選のパッチワーク的な姿になっている（梶川信行「古すぎる教科書の万葉観」『おかしいぞ！国語教科書』笠間書院・二〇一六）。たとえば、秀歌の誉れ高い山部赤人の「和歌の浦に　潮満ち来れば」（巻六・九一九）という歌は、長歌に添えられた反歌の一つだが、長歌から切り離され、短歌一首のみで教材とされている。しかし、それは『古今和歌集』の仮名序に見られる形であって、紀貫之の秀歌観に基づくものである。一方、同じく赤人の「み吉野の　象山のまの」（巻六・九二四）という歌（これも長歌の反歌）を激賞したのは、島木赤彦であった（『萬葉集の鑑賞及び其批評』岩波書店・一九二五）。選ばれた歌により、推奨者も時代も異なっているのだ。奈良時代の歌の世界として事実探求ができる教材の形ではない。

それでは、高校ではどんな『万葉集』の学習が可能か。新学習指導要領では、必履修科目が「国語総合」から「言語文化」に変わり、選択科目の「古典」と「古典講読」は「古典探求」に変わるが、そこでは次のような教材が考えられる（梶川信行「こう教えたい『万葉集』――新たな教材の提案」『おかしいぞ！国語教科書』笠間書院・二〇一六）。Ⅰが必履修科目であり、Ⅱが選択科目だが、従来の秀歌選的な選択とは異なる教材である。

Ｉ　音読する『万葉集』⟶韻文の心地よさを体感させ、言葉の不思議さと豊かさに気づかせる。

II　東アジアの中の『万葉集』⟶東アジアにおける漢字文化圏の中で生まれた文学であることを知ることによって、広い視野から国際理解を深めることに役立てる。

『万葉集』は、奈良時代の東アジアにおける国際共通語であった漢字・漢文で書かれている。外国の文字を使用して日本語の歌を表記した万葉仮名は、現代で言えば、ローマ字表記のようなものである。もちろん、中国の文化や文学からの影響も大きい。朝鮮半島から渡来した人たちの姿も目立つ（梶川信行『万葉集と新羅』翰林書房・二〇〇九）。

　一方、文法に基づく理解は、古典を近代的な論理の枠組みの中で捉えてしまう恐れがある。たとえば、「あをによし奈良」という表現だが、学校文法では、その「よし」の「よ」と「し」を、それぞれ間投助詞とする。しかし、「あさもよし紀伊」「たまもよし讃岐」などを含め、『万葉集』の訓字主体表記（ローマ字表記のように漢字で日本語の音を表わす万葉仮名ではなく、「山」「川」のように、漢字の意味を基にした表記）の用例は、例外なく「吉」「良」と表記されている。地名を褒める表現だが、それは万葉歌人たちの認識を反映した表記であった。つまり、文法的な説明は、時に古代的な歌の理解と乖離してしまうことがあるのだ。

　すなわち、学校文法で古典を分析したところで、古典の世界に近づいて行けるとは限らない。

5

　明星大学の公開シンポジウム「古典は本当に必要なのか」（二〇一九年一月一四日）では、古典などに無駄な時間を使っていると、日本は世界で戦えなくなり、衰退すると主張したパネリストがいた。

　そうした批判の背景には、〈古典＝文法〉という固定観念もあると思われるが、こうした古典不要論は「人間」を育てることを考えずに、国際的に活躍できる知的労働者を育てることだけに特化した主張であろう。それは確信犯的な発言だと思えるが、理系の大学進学者のことしか考えていない。高校は全入の時代となって久しく、大学はより大衆化しているのに、中間層や底辺校などの生徒たちをまったく視野に入れていないのだ。こうした差別的な教育論が、普通教育の指針であってはなるまい。

　また、必要なことだけに集中するという国家政策は、

あたかも社会主義経済のようにも見える。しかし、それは見事に失敗した。口はばったい言い方だが、豊かな文化は自由の中からしか生まれない。

生きることに直接必要のないものは無駄だと言えば、私たちの生活はほとんど無駄の上に成り立っている。時と場に合わせて服装を変えることも、料理によって器を選ぶことも、住まいを花で飾ることも、生命を維持することには何ら関係がない。むしろ、生命を維持することには直接繋がらないが、生活に緊張感や潤い、あるいは感動を与えてくれるものこそが、サルの一種ならざる「人間」が、人間である以上必要なものなのだと考えられる。文化とは、そういうものではないか。古典もそうしたものの一つであろう。

また、この国の大切な文化遺産を粗略に扱っていては、海外の人たちからも、魅力ある日本とは見てもらえないだろう。今、海外からの観光客に注目されているものの一つは伝統文化である。未来の高額納税者を育てることだけを目的とした近視眼的な教育ではなく、豊かな文化を育てるためには、古人の叡智の宝庫である古典の教育を通して、健全な人生観や自然観を持つ若者に育てることが必要であろう。

現行の高等学校学習指導要領には、次のように書かれている。

学校においては、生徒が学校の定める指導計画に従って各教科・科目を履修し、その成果が教科及び科目の目標からみて満足できると認められる場合には、その各教科・科目について履修した単位を修得したことを認定しなければならない。

(単位の修得及び卒業の認定・新指導要領も同文)

つまり、〇×式の定期試験という制度は法令に基づくものではなく、単なる社会的慣習に過ぎない、ということだ。大学のように、試験ばかりでなく、発表やレポートなどで評価することもできる。健全な人生観や自然観を育てるには、さまざまな生き方について深く考える必要があるが、それは答えを一つに決めることのできない事柄である。学習指導要領によれば、そうした問題についても、「満足できると認められる場合には(中略)単位を修得したことを認定」することができる、ということである。

ずいぶん前のことだが、ある国語教育に関するシンポジウムで、文法の学習はやめるべきだと主張したところ、会場の高校の先生から「だったら、どうやって定期試験をするのか」と詰問されたことがある。しかし、当然のことだが、定期試験のための古典教育ではない。実際、定期試験を廃止してしまった公立の中学

校もある（工藤勇一『学校の「当たり前」をやめた。』時事通信社・二〇一八）。いろいろな読み方を許容するとともに、それを多面的に評価することによってこそ、古典の学習が健全な人生観や自然観を育てるものになるのではないか。

最後に、誰のための古典教育か、という命題に立ち戻っておこう。全入の時代の高校では、高等普通教育を受けるすべての生徒たちのための古典教育でなければならない。古典は古人の叡智の宝庫であって、文法教育の教材ではない。大学進学希望者に限らず、また普通科か職業科かを問わず、さらには日本国籍か否かにも関係なく、この国に住む若い人たちに、この国の文化をきちんと伝えて行くための教育でなければなるまい。国や地域の個別的な文化が世界遺産とされ、それが見直されている今こそ、古典教育はより重要さを増しているのではないかと考えられる。

心うった文章

三田村博史

二十年余も前に現職を離れましたので、高校教育の現状、共通試験についてよくは知りませんが、二〇二二年度から「学習指導要領」が改訂され、それに伴って高校の国語の科目構成が変わるそうです。選択科目では大学受験を控えた生徒の多くが「文学国語」「国語表現」を避け、「論理国語」「古典探究」を選びそうとのこと。結果、文学作品に触れる機会が少なくなるのではないかと危惧されてる模様です。

さらにセンター試験に代わって大学共通テストが施行される。そのプレテストが発表され内容が実務用としか読めず、従来の国語問題とは乖離していて、ここでも文学作品が軽視される危機に陥っているとか。それについて書く場を与えられましたが、すでに雑誌や新聞でこれらは指摘され、日本文藝家協会も声明を発表していてわたしはそれに同意以外にありません。発表されたテストをちらっと見て、識者たちの警鐘に賛同し心配もしています。しかしこのことについてはこの誌面でも他の方がまた意見を述べられ重複するでしょうから、ちょっと現職時代の思い出話めいたことをまず書きます。

参観授業があって、わたしの教室の後ろに多くの人が立っていたのは四十年も前です。教材は先ほど亡くなった石牟礼道子さんの「苦海浄土」。女生徒に指名して音読させていました。特段、意図があってではありません。普段の授業を観てもらえばいいと思い順に当てたのです。声をはっきりあげて読んでいた生徒は、ある部分になると急に声が細くなり、立ったまま嗚咽しはじめました。さらに机にうつ伏せになり声をあげて泣きだしました。水俣の記述の悲惨な状況に、読みあげられなくなったのです。参観者は茫然、泣きだした部分に気づくと教室は静まり返り、異様な雰囲気に包まれました。作品の持っている重みが改めてずっしりと広がったのです。作者の必死な思いで書いた文章に圧倒されているうち終業のベルが鳴りました。

単元がたまたまその教材に当っていただけでしたが、思いがけぬ事態にわたしをはじめ参観者も、もちろんその場に居あわせた生徒もこの文章の持つ切迫した力を認識させられました。

名古屋市内とはいえ、街からは離れ周囲に田んぼも残っている新設高校でのできごとです。雲雀の声がどこかから、聞えていました。今、あの「苦海浄土」は高校の国語教科書に載ってるでしょうか。

柳宗悦の「光化門」も心うつ文章でした。冒頭の「光化門よ、」との呼びかけ、以下、「光化門よ、お前の命がもう旦夕に迫ろうとしている。お前がかつてこの世にいたという記憶が、冷たい忘却の中に葬り去られようとしている。」とつづく。

この作品は、その前後の日朝の歴史をまずは知らない生徒にうまく伝わるでしょうか。わたしは大東亜戦争（と、あえて書きます）中の昭和十八年四月に今の韓国・水原市の国民学校初等科に入学しています。敗戦により引き揚げましたが、戦争中、空襲を恐れて迷彩に塗られた朝鮮総督府の建物を京城で見ています。朝鮮王朝の景福宮の正門がそこになかったのにまでは子どものわたしは気づかなかった。しかしその後、何十年か経て韓国を訪れ政府によって破壊される前の、宮殿を遮ったままの総督府を見ていましたから、柳が訴えた民族の悲哀への背景は話したはずです。これももう教科書から消えてるかなあ。

今、嫌韓、嫌朝の風潮がマスコミ、ネットで増幅されています。現今の韓国政府の対応、北朝鮮拉致被害者の返還されない不当からの批難の気はあるとしても、帝国主義の犯した罪は逃れられない。それを当時、声をあげて訴えた民芸家の良心は、教師を辞めて何十年経っても心に残っています。柳田国男の「清光館哀史」もよかった。しんみりと心に迫ってくる文章でした。

森鷗外「舞姫」は進学校でも音読させるのに苦労しましたが、そう、あの「石炭をばはや積み果てつ。」で始まる擬古文。出世を選んで帰国する太田豊太郎の懊悩、エリスのモデルの来日を、さらにはその時の森家の対応をわたしは話したかなあ。漱石の「こころ」も「夢十夜」も教科書には載らないか。「山月記」も消えるのでしょうか。小林秀雄「無常ということ」、あの飛躍した思考の跡を追うのは、解説だけでは味がわからない。感性のいい生徒には直接伝わるでしょう。

戦後すぐの新制高校一年の国語教科書には蒲原有明の「智慧の相者は我を見て今日し語らく」が載ってました。今でも口ずさめますが、この哲学的象徴詩は難解ゆえに暗唱したのです。繰返しているうちに解った気がしてきた。教師が北村透谷から始まる日本近代詩史のプリントと副教材を使い講義もしてくれました。古本屋へ行って葡萄の表紙の「若菜集」を買った、五円負けてもらった。古本屋では値段通り買うものでは

ない、と、教師がいったのを覚えていて勇気を出して実践したのでした。すでに百三十何版かでしたが、厚い表紙で、大事にし繰返し読んだのでしたが。

以上、「現代文」だけ挙げましたが高校国語教師は古代から現代まで、古文、漢文まで扱わねばなりません。退職少し前には「国語表現」も加わってきました。振返ってみると多くのことを学ばねばならない機会に恵まれたいい仕事だったと思います。漱石も松山の中学校教師時代は多くの教科を担当していたはずですから。

「国語表現」はきちんとした教科書もなく、また使う気もなくわたし自身、小説も書いていましたので「書かせる」のを主眼に置きました。しかし選択科目であったゆえ大学入試の「小論文」対策を期待して集って来た生徒には評判がわるかった。受験用「小論文」以外の作文や創作など彼らに関心はなかったのです。新聞の切り抜きを読ませたり、読書感想を話し合せようと工夫もしましたが、普通高校では進学に利する学習が第一ですから、こちらの未熟もあり苦労した割に成果はあげられませんでした。清水良典さんたちの「高ため」シリーズは、現職教員の指南書というより、一般教養人が「高校国語」の名を懐かしみ、魅力的なアンソロジーとして評判になったのでしょう。

ところで、国語教員の免許状はなにも国語・国文学を専攻しなくとも教職単位さえ取れば取得できます。しかし新任でもいきなり万葉集、源氏物語、三国志、そして最近では芥川賞作家の作品までも扱わざるを得ません。小説、評論、韻文も。現状高校進学率は百パーセントに近い。そこへまた、十分日本語を理解できない外国生まれの生徒もまじってくる時代です。国語教師なら李白の詩の授業の最後には唐の時代の発音でなくとも、せめて現代中国語で範読ぐらいしたい。韻を理解するうえで大事でしょうし、それを喜ぶ中国籍の生徒もいるかも知れません。先の「光化門」を扱えば、在日の生徒もいるかも知れない。ヴェルレーヌの詩を扱うのならフランス語の素養も欲しい。O・ヘンリーの短編、いやもっと新しいアメリカ文学も教科書に入っていたらいいなあと思います。

国語国文学科も消滅状態と聞いていますが、しっかりした高校（国語）教員養成コースのある大学は滅多にありません。やっぱり高校国語教員になるには中原中也や鷗外の出生地を訪ね、漱石の夏目坂を歩き、源氏物語はCDでいいですから平安時代の発声で聴いてほしい。「古文」の舞台になっている京都ほかの各地

を探訪、「漢文」指導の基礎として赤壁、杜甫草堂、黄鶴楼ぐらいは訪れ現地で朗詠必修といった大学は現われないかな。そうなると学生も単なる講義以上に意欲的になるでしょう。ある程度までの古文書も読める視野の広い「文学好き」の教師が育ってほしい。文学を楽しむ、読書好きな教師なくしていい国語教育が出来るはずはありません。もちろん、ゼミでの討議も深めて。

新たな必修科目「現代の国語」「言語文化」の内容は知りませんし、進学校で選択されない可能性が高いといわれている「文学国語」の内容も知りませんが、外国の詩や小説が収録されていないなんてことはないでしょうね。従来の「漢文」は「古典探究」に入るのでしょうか。

マークシート方式のテストでは漢字の書き順まではは見ませんので、教育実習生の中には板書で突拍子もない書き順をする者がいてびっくりした覚えがあります。彼女はその後、大学院を出て一流進学塾で漢文の講師をしていますが、大丈夫かなあ。基礎力も必要です。

ところで入試ですが、もともと私立大学は独自性を持って設立されたはずですから、いっそのこと、新たな共通テスト移行を機に、この試験を利用しない方向へ一斉に舵を切って大勢を変えたらどうでしょう。

公表されたプレテストの内容は、指摘されている通り確かに馬鹿げています。この誌面でも他の方が同様に嘆かれると思いますが、国語力を試す問題とは思えない。一方高校の進路指導はどの大学にどういう魅力的な先生がいるか、何を研究しているかなどを示さず、マークシート試験の結果の偏差値に頼って進路を割り振っているだけ、偏差値が高ければ、医学部へというのが現状です。新しくなっても共通テストならそれを利用しようとする高校側の姿勢は変らないでしょう。

有力といわれる私立大学が率先し、各校独自試験に切りかえたらどうでしょう。大昔は国公立と私立とはまったく別の試験でした。共通一次試験がセンター試験になると私立大学も参加、中には独自の試験を省きセンター試験の点数だけで合否を決める大学まで出現。手間暇かけて人材を探す姿勢を怠っています。

東大が英語の民間試験を参考にしないといい、国語も記述式が問題になっていますが、共通テストを利用しない大学が「文学国語」「国語表現」をも入試で課すと宣言し、魅力ある大学が実践すれば高校国語教育、大学の在り方も考え直さざるを得なくなるでしょうに。

解らなくとも後になってなるほどと思われる難解な教材、または心に残る文章を教科書から排除してはつまりません。

「高校国語から文学が消える」問題について

五十嵐勉

文科省による二〇二二年度からの新「学習指導要領」が示す国語教育への大幅な変動と、その前年から実行される「大学入学共通テスト」への変化が、大きな論議を呼んでいる。国語が「論理国語」「文学国語」「国語表現」「古典探求」の四科目からの二科目選択になり、時間のない受験教育では「論理国語」と「古典探求」の二科目が選択され、結果的に「文学国語」は置き去りになって、高校生が文学作品に触れる機会がないまま卒業していくケースが増えていく懸念が深まっているからである。日本文藝家協会もこれを憂慮し、「この危惧すべき流れをよりよい方向に修正するため」「この問題に一丸となって取り組んで行くことを表明します」と声明している。

文科省がこの指導要領を打ち出した背景にOECD（経済協力開発機構）の国際調査「生徒の学習到達度調査」PISAで、読解力の平均点が前回より低下し、順位も八位に落ちたということがあるそうで、その結果を踏まえて「思考力、判断力、表現力の育成」という方針が立てられたということだ。

まずこの愚昧な新指導要領を洗ってみる必要がある。国際化の現在、論理的な思考力、主張の論理的筋立て、判断力は確かに重要で、論文の国際化、国際会議、資料の解読、企業間の裁判や国際プロジェクト落札などにおいてもより必要になる能力にはちがいないが、この文科省の「論理国語」の履修程度で真に身に着くようなものではないだろう。アメリカではかなり早いうちから国語教育で「ディベート（討論）」の時間があるし、ヨーロッパの中等レベルの学校で「ソクラテスの弁明」などを読ませて、これを実演させたりする。付け焼き刃の「論理国語」など、とても太刀打ちできるレベルにはならないだろうし、PISAの点数を上げるためだけのものならば、それによって失うもののほうがはるかに大きいだろう。またこの領域は結局AI（人工知能）にとって代わられる領域でもある。中国の古典に見られるような志の大きさや発想の自由さ、意思の強固さを学んだほうがずっと国際社会に通用する論理を養うことになるはずである。

また、PISAにおける読解力の平均点が前回より

低下したことについて、別な要因が考えられるとしたら、どうなるのだろう。私はもっと別なところに原因があるように推量する。

近年電子機器の急速な発達により、パソコンとスマートフォンの普及は凄まじいものがある。その画面には手軽な通信が飛び交い、美しい映像やおもしろい動画が咲き乱れている。その手軽さ、便利さに時間を奪われているのが現代人の大きな傾向だろう。都内の電車の中でも、一〇人中七、八人がスマホの画面に指を躍らせている。よく見ると、ほとんどは漫画か、ゲームか、フェイスブックやツイッターかメールである。そこには言語の浅い機能だけが氾濫している。深い思考を要するものははじかれ、安易さとおもしろさが優先される。またパソコンのインターネットの便利さはその優れた検索機能によって、立ちどころに必要な情報は提供してくれるし、ウィキペディアでも即座に本で調べるよりはるかに多くの情報を提供してくれる。ユーチューブの動画は、テレビ番組よりはるかにおもしろいものがたくさんある。これらが教育年齢にある者たちにまったく影響を与えないわけがなく、これが直接、間接に全体の思考の劣化を招いていると考えられる。これらには深い思考はほとんど必要なく、ただおもしろい画面、手軽な言葉のやりとりが洪水のように流れていく。熟考とか、沈思はここではむしろ邪魔なものになっていく。もともとパソコンの画像はそういう性格にある。これらに時間を奪われる者の思考力が低下していくのは必然だろう。画像思考と読書思考・活字思考とは深さにおいて雲泥の差があり、自らの労力を要する読書思考は、そこに費やされるエネルギーと能動性の分だけ深く強靱になる。脳に立体的に構築され、刻印されるそのことが思考の深さを生むのであって、画像思考の流動性と依存性は、真の思考力を減退させる。

スマートフォンやパソコンの画面を見ることが多いこの現代の傾向の下に大多数が流れていっているからこそ、出版不況があり、新聞の購読者数・販売部数が毎月数万部という単位で激減している活字危機がある。思考力の低下もそこに起因していると見られる。この重大な社会の変化を直視せずに、ただ「論理国語」「文学国語」、「国語表現」「古典探求」に分けることで対処しようとする施策は、まったく逆方向へ行こうとしている愚策である。歯止めにならないどころか、悪化させることは目に見えている。

この変化を受け止める側の動揺にも、触れておきたい。およそ国家の方針など、時代とともに揺れ動くもので、今回の変化は、秦の焚書坑儒、ナチスの焚書な

どに比べれば、弾圧にもならない、微々たるものにすぎない。戦中の教科書に書かれた内容がどういうものであったか、学生たちや少年たちをみな戦争に走らせて殺していったその文部省の教科書がどういうものであったか、役人たちの発想と先導の愚かさを一方でしっかり認識し、それを表でも裏でもうまく回避しつつ、真の人間を育てていく方向を探るべきだろう。

自分の高校時代を振り返ってみて、教科書や受験勉強からどのように文学を受容したか振り返ると、希薄な記憶しかない。志賀直哉の「城の崎にて」、芥川龍之介の「鼻」、国木田独歩の「春の鳥」、梶井基次郎の「闇の絵巻」など確かに教科書に出てきて、それなりに感心もし、勉強になったものの、むしろそれらから外れた他の作家、他の作品に受けたインパクトの方がはるかに強かった。学校の勉強とは別に、むしろ密かに、自分と向き合うその孤独な意志に働きかけてくる力こそが文学であり、自分で見つけ出し、自分で力にしていくものが文学であるように思える。

文学の真の力を理解する心ある教師は、新指導要領とは別に教室という現場で優れた作品を紹介し生徒に共有させたり、その糸口を与えていくものと信じている。

ちなみに、教科書や指導要領にも逆に評価すべき場合もある。大正時代の国語の教科書に坪内逍遥によるシェイクスピアの『ジュリアス・シーザー』の翻訳が載っていて、世界市民的方向がそこに意図されていたことに感心した記憶がある。

どんなに一時的に政治的な力に支配され、それによって瀕死の危機にさらされても、そこから立ち直り、人間の真の姿を目指していくものこそが文学だろう。それで死に絶えてしまうようではほんとうの文学とは言えないはずである。

むろん政府の愚かな方針を是正すべく動くことは必要であり、それによって是正が可能ならばそれに越したことはないが、たとえそれに失敗したとしても、なおかつ滔々と流れているものがあることを信じて、文学的営為を教育の場で生かしていくべきだろう。文藝家協会としては著作権など守らねばならぬものがあり、その必要上闘わねばならぬものがあることはよく理解できる。その方向は正しいので、一時的に敗れることがあっても、持続していけば必ず是正は実現できると思う。

もっと本質的な領域からも述べておきたい。

確かに言葉には、論理的な領域と文学的な領域があるが、この分類の仕方はやや足りないように思われる。論理的な領域と感情的・感覚的な領域と言うべきだろ

う。論理的な言葉は、社会や科学の対象としての自然、あるいは抽象そのものなどに向かうものであるのに対し、感情的な言葉、感覚的な言葉はいったい何に向かっているのか——それは終局において命に向かっているものだろう。生命は自分を含めて一回だけのものであり、その制限された時間の中に世界をどう感じ、どう捉えて生命の共感を震わせていくか、そこに感受性の源泉があり、豊かさや美しさが現れる。言葉にはこの重要な機能があり、生きている限りそこから離れられない側面がある。空の青さや花の色、水の流れる音を感受し、命の相として受け止める感受能力こそが、生きている一面であり、死の上に浮かぶ生きものの自由の旋律を奏でることができる。そしてそれは、論理の言葉を重ねて呼び合うことでいっそう深く複雑さと豊かさを増していく。「空はなぜあるのか」「花はどうして美しいのか」そしてそこから論理や空想が発展し、翼を得ていく。二つが互いに補完し、呼び合うことでより豊かに広がっていく構造を言葉は本質的に有している。感受の機能を軽視することは、結果的に論理の機能を貧しくする。両方が成立して初めて言語能力と言えるし、一方だけでは痩せていく傾向から逃れられない。一方だけで進もうというのは、片足で一〇〇キロ歩けと言っているようなものだろう。あるいは筋肉と骨の関係にも似ている。骨をいくら強化しても、筋肉の発達が伴わなければ動かない。骨だけが残ることが死なのである。

真の想像力は確かな感受の上に成り立つものである。またしっかりした想像力の上にこそ創造が築かれていくものだろう。

文科省の新指導要領はこのことの無理解・無知のうちに目先の必要を狙って組み立てられたもので、人間の言語能力を根本的に痩せさせる方針にほかならない。

これをもっと突き放して見て、文学の大きな力を信じて、大胆に果敢に是正に向けて働きかけていくことが必要だろう。

スマホを持った猿に「論理」などない

富岡幸一郎

本誌の対談にも出席されている伊藤氏貴氏が、『文藝春秋』（二〇一八年十一月号）のコラムで『高校国語から「文学」が消える』という一文を草し、戦後最大の「国語」改革がいま行われつつあることを指摘した。

《これまで高校一年次配当だった「国語総合」は半分の時間に減らされ、残りの半分で前述（注・新しい大学入試改革で出されるといわれる）の契約書やグラフのような「実用文」を学び、高二、高三では実質的に「文学国語」と「論理国語」のどちらかしか選択できないようになる。「論理国語」には文学はもちろん、文学評論も入れてはいけないというお達しで、入試改革のことを考えると、ほとんどの高校が「論理国語」を選択するだろう。中島敦『山月記』や漱石『こころ』のような、日本人なら誰でも読んだことがある文学作品が、契約書やグラフの読み取りに取って代わられる》

新学習指導要領によると、国語の必修科目は「現代の国語」「言語文化」。前者は実用的な文章で文学は扱わないが、後者は古典から近現代の文学を扱う。そして、選択科目で「論理国語」「文学国語」「国語表現」「古典探求」という科目が新設され、多くの高校が実用的な「論理国語」と「古典探究」を採るのではないか、というのである。

日本文藝家協会も出久根達郎理事長の名前で、一月に声明を発表し、「実学が重視され小説が軽視される、近代文学を扱う時間が減るなどの危惧を訴える声が、既に多くの作家や有識者からあがっています」と記している。

私は以上のような問題について具体的な内容や、実際に教育現場でいかなる「実用」的な国語教育が行われるのか詳しくは判らないので、「文学作品の代わりに契約書を読ませるらしい」との〝臆測〟に、自分の判断を今下すことはできない。「文学」対「論理国語」というわかりやすい対立ではないらしいが、大学で日々学生に接していて痛感するのは、文学だろうと、論理だろうと、日本語がろくに読めない大学生が増え

つつあるという現実だ。

文学側の人間（?）としては、もちろん中島敦にしても漱石にしてもそうだが、近代文学の名作は中学・高校において読む機会を与えたほうがよいと思う。

これについては、以前に話題となった水村美苗氏の『日本語が亡びるとき——英語の世紀の中で』の、ちくま文庫版（二〇一五年四月刊）を改めて参照するのがいいのではないか。同書の「文庫版によせて」のなかで、水村氏は「近代文学の古典を読み継ぐことの意味」を明確に指摘されている。「近代文学の古典」とは、前近代の古典のことではなく、〈国語〉が成立してからの作品群（漱石や鷗外はむろんそれに入るだろう）のことである。

《……日本から一歩離れてものを見れば、日本語そのものが、護らねば亡びてしまう、か弱いものなのである。日本語はどこの言語グループにも属さないうえ、人口減少に伴い、母語集団も減ってゆく言葉である。しかも、日本という一つの国でしか使われていない。日本語を護らねばならないという合意に達するのは、日本人にしかできないことなのである。その合意に達する初めの一歩として、優れた近代文学を読み継ごうという気運が生まれること——私が願うのは、それだけである》（四四四頁）

滞米経験の長い（プリンストン大学などで日本近代文学を教える）水村氏は、〈国語〉という近代の日本語の重要さをいっているのであり、このことはこれからの「国語」教育における要とならなければいけないのだろう。

「優れた近代文学を読み継ごうという気運」は、現代のスマホ流行の状況では、教育という〝制度〟をもって形成していく他はないだろう。そもそも「文学国語」「論理国語」という区分け自体がおかしなことなのではなかろうか。なぜなら、文学の言葉とは、人間の精神の〝論理〟によって支えられ、創造されているからだ。実用的というい方には罠がある。実用的な文章を理解できないというのは、長い文章を読み込む習慣がなくなっているからだろう。

パソコン、スマホなどが諸悪の根源である。SNSなどという代物が、人間を猿以下の存在に仕立てるのである。いや、そういうと猿には申しわけない。いうまでもなく、〈国語〉は国民国家の成立によって形成されたものである。日本語（国語）が滅びるとは、「国が亡びる」ことである。

コラム①

論理と文学　線引き困難

俵　万智

「論理」と「文学」とは、明確に線引きができるものでしょうか。例えば科学的な心理のようなものを説明する論文と私たちが詠む短歌は、異なる言葉の使い方をしているように見えるかもしれません。しかし、人間の心のうちを伝える短歌でも、情緒だけではなく読む人に伝えるため深く考え計算しています。

感覚的表現を支える理知的なもの。あるいは論理的なものに交じる文学的表現。それらを学ぶことにより、真の言葉の「論理」を学べるのではないでしょうか。

現代は、言葉の複雑な側面を学ぶことがより重要になっています。インターネットの普及により、一般の人々が電子メールやSNSなどで、これほど文章を書き、不特定多数の人に自分の言葉を発信した時代はないからです。ネット上の言葉は人間が顔をつき合わせずに発するむき出しのもので、そもそも誤解を引き起こしやすい。それに加え、ネット上の言葉のトラブルは、ある文章の「含み」や「行間」を読み取らず、字句通りに受け取ることから起きがちです。

一つの言葉の背後にある豊かなものを学ぶ最も適した教材が、文学的作品なのです。

高校の国語教師だった時、井伏鱒二の「山椒魚」を教えました。谷川の岩屋をすみかにする山椒魚が成長しすぎ、外に出られなくなる話です。生徒たちは最初、ざっとストーリーを追って間の抜けた話だなと思うのですが、深く読むうちに細かな言葉遣いや表現の工夫に気づきます。

岩屋に閉じ込められたことに気

づいた山椒魚が、「何たる失策であることか！」といった不遜に聞こえる言葉で嘆くセリフには、虚勢を張った物言いの裏側に潜む不安がにじみます。ここには、擬人法という技法も使われています。教室で学ぶうちに、言葉の多彩な使い方を知るのです。

今回の高校の国語教育改革で、子どもたちが文学作品に触れる機会が減るとすれば残念です。小説は個人が勝手に読めばいいという考え方もありますが、スマートフォンなどに時間を取られ、学校の国語が貴重な読書の場になっている現実があります。最も複雑な言葉のあり方で表現された古今の名作と、多感な時期に接することは未来への財産になるでしょう。その とき理解できなくても、心に種をまいておけば、大人になって読むきっかけにもなります。

国際化の時代です。子どもたちが海外で、夏目漱石や森鷗外、川端康成など自国の文化を語れるようになってほしい。外国の人と、文学作品について語り合うことは深い心の交流になるはずです。

（待田晋哉記者）

（『読売新聞』「論点スペシャル」二〇一九年十一月二十二日インタビューより転載）

第三部　理数系の視点から

伊原康隆／藤本翔一

数学者も心配する

「論理国語」の狭さと危うさ

伊原康隆

筆者は国語教育の専門家ではありませんが、数学とは浅からぬ縁があり長い人生経験の中でも多様な「論理」に接してきました。その体験に基づいた分析と危惧について書かせていただきます。

(1)「論理国語」なる高校二年からの科目の誕生のもとは「平明な文章の読解力の向上が急務で、その為に今まで欠けていた国語での(数学的厳密さをもつ)論理の訓練(特訓?)が肝要」という考えが流布したからのようです。果たしてこの考えは的を射ているのか、実際的か、副作用はどうか、分析、検討して見ましょう。

単純な文章の意味を正しく理解できなかった場合、その根本原因は何でしょうか。その多くは「論理」以前の、次のどちらかにあるのではないでしょうか。

第一は集中力不足または怖れ、拒否感。これは、落ち着いて対処できるか、面白く感じられるか、が先決でしょう。特にいきなりの対面やテストの場合、我々は別の心理状態になりがちです。主な関心が「客体」よりも「それに対峙させられている自分がまず何をすればよいか」という迷いの方に移ってしまいやすい……ここで重要なのは「主客分離能力」と「集中力」ですが、半分は他の仲間との遊びの中で、残りは理系の科目からの方が「面白く」学びやすいのではないか。

第二は用語の問題——知らないか又は意味に幅がありそこで誤解が生じているため。

こちらは「語彙」の問題であり、それらを繋ぐ論理の問題とは、やはり切り離して考えるべきでしょう。特に用語の意味に幅がある場合は、使われていたのが「実は厳密な意味の論理ではなかった」ことを意味します。そこを改めて確認しましょう。厳密な意味の論理は、

「一語一意」

つまり一つ一つの用語が厳密に一つずつの意味しか持たない、そういう用語「だけ」を使うからこそ単純に

検証できる論理なのです。法律用語もそうですが、数学の論文でもこの種の用語しか使いません。だから単純な論理の積み重ねで過ちに陥らない、陥っても他人が検出できる、という仕組みです。一方、日常生活で必要な論理は殆どが、こういう狭い意味の用語に頼ったものではないでしょう。解釈の幅のある「ゆるい用語」を使う中でのコミュニケーションです。では読解力をつけるために真に重要なのは何だったのでしょうか。

(i)文章を怖れず親しむ習慣をつけること
(ii)用語の意味と使い分けを知る事
(iii)客体を主体と切り離して考えられる落ちつき
(iv)具体と抽象の間を往復する訓練。

最後の(iv)は、単純形式論理たとえば「逆は必ずしも真ならず」がストンとくるかは、抽象的な言葉と具体例の間を頭の中で往復できるかがポイントですから。ではそれらの為に必要なのは何か。筆者の考えでは、(i)(ii)は分かりやすくて面白い文章に多く接し、できれば、長くても引き込まれる読書の体験を重ねることで、(iii)(iv)は、遊び（ただし「ゲーム」は主客混同に向かいそうなので逆）と理系の勉強、ただしすぐ計算問題に入らずに内容の吟味と理解にじっくり取り組むこと、でもっとも自然に身につくものだと思います。いずれの主軸も「論理」ではなさそうです。教材から文学作品を排除された「論理国語」に残るのは何か。一語一意の用語の意味の再確認？　と単純論理の単調な反復訓練だけ。内容がいかにも乏しすぎないでしょうか。

（2）「何か変だ……」——説明不要な言葉ですね。生活感覚では「都合の良すぎる話は怪しい」。その「論理バージョン」もあります。議論の間違い（自分のでも他人のでも）に気付けるのはこの感覚の鋭さに負うところが大きい——そしてこれは孤独に戻った時間の隙間がフッと気付かせてくれる感覚です。数学のように論理中心と思われている分野ですら、全体的な調和感に基づく「何か変だ」感覚が欠けた論理偏重ですと、小さな過ちはなくても大きな過ちに陥りがちになります。大きな過りには必ずといってよいほど都合の良すぎる部分が入っています（——数学の沢山の論文で見てきました）。広い調和感覚を失っては数学の論理も狭すぎて健全ではないのです。論理は「道」いわば一次元ですから。なお、より人間的な分野では偏りに気付いて大きく修正できるのはむしろ「非論理」でしょう。

一つだけ例を。ある合唱団の卒業演奏で最後に涙ムードに偏った時、リーダーの一人が突拍子もなく外し、笑いから一気にムードが戻った――TPOに応じたバランス感覚と受け取りました。

さてここ迄は「間違えないため」を中心に考え、それでも主な課題は「形式論理以前にあり」と指摘しました。「創造性」に対しては一層（数学に於いても）そうであることも付言させて下さい。国語でも、間違えないだけが重要では全くないし。

（3）言葉のイメージができるのも、長い文章の中で意味を把握できるのも、内なる声を外に表現できるのも、優れた文学作品に親しんでこそ得られる能力だと思います。国語教育の中での文学の重要性を筆者も強調したい。面白いものを読んでこそ引き込まれ、目覚め啓発される。これは万人周知。高校生にとって法律用語に備える訓練より切実に重要なのは、自己の「内なる声」と重なるものが文豪の作品など外から見つかる驚きと喜びではないか。自分の心のヒダとピッタリな表現。心の支えを得、表現力も身につく。

（4）落とし穴。「これこれこうだから判断としてこれが正しい」という一見隙のない論理には大抵「落とし穴」があることに注意しましょう。論理の展開からは見えない基本的な疑問、それは「挙げられた要因だけが重要な判断材料なのか？　隠れた他の重要な要因があるのではないか？」でしょう。それに気付くのは誰にとっても難しいことです。龍安寺の石庭、石が全部見える場所は（平面上には）存在しないのでした。思いついた要因のみで「よし」とするのは、薬の「効能」だけ強調してその副作用を考えないようなもの。教育改革の場合、特にこれは重大でしょう。副作用の「落とし穴」をむしろ積極的に探し、必ずあるのだからそれを複数見つけ、十分比較検討してからにすべきでしょう。筆者に思い出される具体例は‥

過去の数学教育の改革で「ユークリッドを幾何学から追い出せ」という思い上がったスローガンのもと、ユークリッド幾何学という美しい体系をもった文化のヒナ形を中等高等教育で組織的に学べる機会を失わせてしまいました。ああ。かの（故）小平邦彦先生（日本人初のフィールズ賞受賞者）もそれを深く嘆いておられました。そこでは論理と直感の見事な融合がミソで、学生が学べる本質的なことが豊かなのです。追い出されたのは「直感は近代数学の論理的な基盤になっていない（これ自体は正しい）」という一部の数学者の指摘の影響でしょう。ユークリッド幾何学の論理面を支え

る定義、定理、証明などの基礎概念の習得も今や失われ、直感面での醍醐味――適当な補助線を見つけると問題を「より大きな構造のもとで」見ることが出来て一目瞭然で解ける！――この感激も失われました。この古典幾何学の欠点は、問題ごとに直感に頼って補助線を見つけなくてはいけないところで、そのため近代数学では「一般的補助線を抽象的に作りそれを基盤にした」と喩えられるでしょう。表面的には抽象化され、審美感に基づく直感は「底流」として見えにくくなりました。改革後は、表面だけ教えてすぐ計算問題に入る（直感部分が減り、論理も中途半端）。多くが失われました。では今回の国語はどうか。

今回の改革に間接的な影響力が大きいといわれる新井紀子氏の著書(a)『AI vs.教科書の読めない子どもたち』(b)『AIに負けない子どもを育てる』(c)『数学は言葉』に対する意見から書かせていただきましょう。

(a)では、第一級の重要性をもつ社会問題の指摘と綿密で誠実な分析に真に敬服します。ただしこの意味では高校生には遅すぎる？　とも感じます。(b)これも基本的には同意しますが、第8章の最後で「論理国語」と「文学国語」について書かれており、これは「落とし穴」が気になる論点です（後述）。なお定番文学作品への批判は単に教材の選択肢の問題。(c)これが当面の問題かどうかは「論理国語」が「数学は言葉」的な言葉をモデルにするのかどうかに依存しますが、いずれにせよ「数学は言葉」は首肯しません。数学は、論理、直感、数値実験などの融合であり、もっと広いからです。さらに「言葉」の側から見ても、「一語一意」という特殊な部類のものとしか対応しないことを指摘しました。数学、言葉の双方を狭い意味にとってこその言明ではなかったでしょうか。

（5）「論理国語」の導入によって如何なる作用、無作用、副作用があり得るか。高校二年から三年生対象ということですが、まず「面白い授業」には本質的になりにくいのではないか。「できる生徒」にとっては当たり前すぎて退屈、論理の苦手な生徒にとっては「数学よりつまらない第二の数学」。そもそも高校二年ではもう遅すぎるのでないか。無色透明な基礎訓練が受け入れやすいのは小、中学生位までで、高校二年ともなると興味の中心は文化的に高度なものか成長期に応じた人間味の濃い文学作品などに移っているのではないか。一方、論理の苦手な子供、それは欠点ではなく特徴であり、この時点で論理思考を鍛えようというのは遅くて、スポーツの苦手な子にスポーツを強要す

るようなものではないか。ＡＩの普及によって仕事がなくなる心配――新井氏の(a)でのご指摘――については、子供もＡＩも共に読解力は苦手、それなら他で勝負！　でしょう（ＡＩには読解力以外にも弱点があるでしょうから）。

論理国語の選択が推奨された場合、あり得る重大な「副作用」の一つは「残り１」になる選択枠にも「文学国語」が選ばれない、そういう大きな流れができてしまうことでしょう。点の取りやすさが多くの生徒の選択に影響したりで、どういう流れができるか、個々の大学入試の方針との関係もあり、私には無論推測は出来ませんが、上述のように文学が形式論理より大切と考える数学者としては、文学界の方々同様、強い危機感を感じます。これも「もう遅い」のでしょうか？

いや、高校の先生方、論理国語の教材も、広い範囲から骨あるものを探す工夫をしていただき、納得できるものがなければ選択肢として生徒に勧めない、という位の英断をどうかお願いします。

文理を跨ぐ業界人インタビュー

国語教育からイノベーションの現場へ

藤本翔一

一体、これまでの国語教育は、学生たちに如何なる影響を与えたのか。教育一般に効果測定は容易ではないが、あくまで一例として、一人の社会人の経験を報告する。政府系研究機関――一見、縁遠い職種に見受けられるが――に勤める**藤本翔一氏**に、学生当時から現在にわたる国語の影響を聞いた。

一　現在の仕事内容

――研究機関とのことですが、どのような仕事なのでしょうか。

藤本翔一　少し名前が長いのですが、新エネルギー・産業技術総合開発機構（ＮＥＤＯ）に勤めて七年目です。「エネルギー・地球環境問題の解決」と「産業技術力の強化」がミッションの、経産省所管の国立研究開発法人。具体的には、水素燃料や新型エネルギーシステム、ＡＩやドローン、バイオ材料など、様々な先端技術の実用化――イノベーションの実現を進めています。私が目指しているのは、産業界・学術界・政府などと協力して新技術を推進するプロジェクトマネージャー（ＰＭ）。今は広報部員として、成果発表の記者会見など、ＰＭを補佐しています（現在、長期育児休業中）。

――ＰＭの方々やご自身は理系研究者なのでしょうか。

藤本　いいえ。ＰＭは自ら研究を行うのではなく、プロジェクトを推進する役割です。技術テーマ検討に始まり、産業界・学術界からチームメンバーの募集・選定、数年間に及ぶ事業運営、進捗評価や計画変更など。新技術の実用化には、研究者に加え、企業や金融、政府や自治体、そして市民、国内外の多様な立場の人たちとの協力が不可欠です。協力関係の構築・維持・発展がＰＭの重要な役割だと思います。

　私自身は、理系で大学に入り、文理の間というか、学際分野で修士を出ました。ＰＭのバックグラウンドは多様で、理系の素養はあるに越したことはないのでしょうけれど、事業ごとに、むしろ経営的観点とか、国際交渉の観点など、様々な素養が求められています。

――エネルギーやＡＩなどのイノベーションを進めるコーディネーターであり、リーダーのような仕事ということですね。この仕事を目指すに至った経緯を、高校あたりから振り返って教えて下さい。

藤本　高校当時の憧れは、宇宙開発でした。中学か小学生の時、母に連れられた日本科学未来館で、偶然、Ｈ２Ａロケットの打上げ中継に立ち会って、もうやられましたね。幼い頃には「ＹＡＴ安心！　宇宙旅行」というアニメが好きで、宇宙で渋滞するほど宇宙船がばんばん飛び交う映像が忘れられなくて。でも、おかしいぞと気が付いて。中学でも、高校にあがっても、ぜんぜん宇宙船が飛ばない。もしかしたら、自分でロケットエンジンを作らなくちゃ、「ＹＡＴ安心！」の未来は来ないのかもしれないぞ、これはまずいぞ、と焦りました（笑）。工学部を目指したんです。

ところが、大学でまず丹羽清先生の「技術経営」の授業で、はっとしました。どうやらロケットがばんばん飛び立つためには、凄いエンジンだけがあればいい訳じゃない、世の中に必要とされなければダメらしい、と。経済的に、経営的に、政治的に、世の中的に。そういう社会的なアレンジが整ってやっと、ロケットは飛ぶんだな、と。だから、技術のための社会のコーディネーターを目指しました。それから在学中には、東日本大震災と原発事故が起こり、技術を社会で扱うことの難しさを思い知った。そうしたなか、科学技術と社会の接点と問題について考えたくて、藤垣裕子先生の研究室で「科学技術社会論」を専攻。就職ですが、様々な新技術を如何に社会で扱っていくべきか、たくさんの人と議論して考え尽くすために、ＮＥＤＯはちょうど面白そうだと思ったんです。新技術のイノベーションに取り組む現場で働いています。

二　国語科目の思い出

――進路選択や現在の仕事に、国語からどのような影響を受けたのか聞いていきたいと思いますが、まずはその前に、国語の思い出を聞かせて下さい。

藤本　高校の時はすごく好きな科目だったんですよ、それで今日はお声かけいただいたんだと思いますが。しかし、中学の時は嫌いでしょうがなかったな。授業中に「オツベルと象」の登場人物の気持ちか何かについて、あてられて何か答えたんです。でも、模範解答と結構違ったみたいで、怒られたというか、否定されたと感じて。それからそもそも、人の気持ちについて四択から一つ絶対の正解がある、みたいな中学国語が嘘くさく感じられて、嫌いに。読書は好きだったんですが、せっかくの面白いお話も、国語の授業だと四角

四面の作業になって、退屈でした。

今思うと本当に幸運なことに、高一の現代文で、凄い先生にあたったんです。初日、先生はいきなり「①恵一、②敬一、③啓一、④圭一」という感じに板書して、「俺の名前はどれだ?……①だと思う人……」と、順に挙手させるんです。そうして、「慶一」と書き加えてから、「正解は『慶一』だ。いつでも選択肢に答えがあるとは限らない」と宣言するみたいに言うんです。みんなあっけにとられて、そして笑いました。私はというと、かなりやられてしまって。あの退屈だったはずの国語の授業でこんな話をされるとは、心をつかまれました。

五島慶一先生(現、熊本県立大学准教授)は、それから二学期の中間試験まで、半年間もずっと「羅生門」。他校の友達は、四月にはとっくに終えていて、なんだか不思議と誇らしかったな。毎回、「羅生門」から話があっちこっちに行くんです——語り手とは何か、神の視点、主観と客観、言葉とは何か、聖書の書き出しとか、色彩表現についての文学と映画の話、今昔物語、等々——。小説を読むって、決してフィーリングじゃなくて、論理で考え尽くすことが出来るんだなって、目から鱗でした。

古文も最初は嫌いだったんです。みんなで「ら・り・り・る・れ・れ」、活用を合唱するのが馬鹿馬鹿しくなって。それが、山本章博先生(現、大正大学准教授)の授業で物凄く詳しく、和歌について習って初めて、古文に共感できたんです。まさか千年も昔の人に共感することなんて何もないと思っていたのに。高校生当時、まるで上手くいかない恋愛のことでした。西行法師は、お坊さんなのに恋の歌をたくさん詠んでいて、でも「こんなに苦しい恋こそは、修行なんだ」といったようなことを確か言っていて、とんでもないようでいて何か凄く分かるな、って。

思春期真っ只中、高校では多くの先生方にかなり激しく歯向かっていました(英語の授業方法を強く批判した記憶です)。恋愛にせよ、大人への反抗にせよ、他人との接し方や自分の振る舞いについて苦しく思うとき、国語教科書で出会った本や文章、言葉に救われることがあった。恋が実らない、他人とうまくいかない、辛い、言葉にし難く辛い、そんな時に、例えば千年前の人(例えば西行法師)も、かつての文人(例えば中原中也、例えば坂口安吾)も、似たように苦しんだり考えたりしたらしいと知ることで、不思議と少し落ち着いたことを覚えています。怒りであれ、悲しみであれ、言葉にすると少し落ち着く。言葉が見つからないほどに苦しいときには、せめてその気持ちを言い表し得る

言葉を探そうとする試みそれ自体に慰められる、そのことに気が付くことが出来た。

高二の時、大原祐治先生（現、千葉大学教授）には、よく作文の添削をしていただきました。毎学期自由題の作文があって、当時、我ながら難解かつ陳腐な私小説のようなものを書いて提出していたんですが——もちろんテーマは先の上手くいかない恋愛や反抗についてでしたが、まるで文藝誌に掲載される論評のようなコメントをいただいて、凄く嬉しかった。「どんなに陳腐であっても、書き散らすより他にない。どうかこれからも文章を書き続けてほしい」というようなことが書かれていました。これから人生に苦しむことがあったとしても、言葉に昇華することでどうにかやっていけそうだ、大袈裟でナイーブかもしれませんが「言葉があれば生きられる」と思うことが出来て、今でも大切にとってあります。先生たちには、本当に感謝しています。

三　国語で鍛えられたこと——言葉とコミュニケーション・メタ認知・論理思考——

——お話しぶりから、当時の先生方が生き生きと独自の授業スタイルを貫かれた様子がうかがえました。では振り返って、国語が何か仕事などで役に立ったことがあれば、教えて下さい。直接役立つ、というのは難しいかもしれませんが。

藤本　直接役立った、と言えることもあると思います。第一に、語彙力は財産で、仕事に直結しています。国語教材になければ知り得なかった古い小説、関心がなかった分野の論説文、そもそも辞書を引く癖、語源への興味、漢和辞典のようなマニアックな辞書まで、語彙力を鍛えられました。それから、言葉とコミュニケーションの問題というか、比喩や翻訳をめぐる議論も、おそらく直接に役立っています。

科学技術には、分野ごとに学会や論文の専門コミュニティがあります。そこでは、厳密で専門的な難しい言葉と数式を用います。私の仕事は、その専門的な言葉遣いを勉強した上で、そこことは違ったコミュニティの人達とも円滑に会話するための、「通訳」です。例えば、経営者や投資家に、省庁や自治体の担当者に、異分野の研究者に、メディアや市民に。科学技術の厳密な用語たちは、平易な言葉に言い換えれば、少しずつ誤った説明になってしまう。かといって専門用語のままでは、専門外の多くの人たちに届きにくい。これはまさに言葉とコミュニケーションの問題で、高校では国語が守備範囲とした議論です。言葉の限界や可謬性をできるだけ把握した上で、分かりやすい比喩や例

たい。

ロボットハンド研究者の深谷直樹先生（東京都立産業技術高等専門学校准教授）と記者会見の仕事をさせていただいたことがあります。ラボに伺うと物凄くかっこいいハンドがあって、子どものように興奮しました。研究成果の肝についての技術的な理解は、初めは難しかったのですが、じっくり教えていただきました。分かったことは、例えば企業の新製品発表とは異なり、目の前のこのロボットハンド自体の完成だけが価値ではなく。それよりも、このハンドを成り立たせる工学的な構造――協調リンク機構と指先なじみ機構――の実現こそが最も重要な成果とのこと。しかし専門用語のまま「協調リンク機構と指先なじみ機構の開発に成功」と発表しては、せっかくのこの技術成果について、専門コミュニティ以外への訴求は難しいかもしれない。たくさんの比喩や例え話、平易な言葉への言い換えについて議論の末、ようやく私達が探り当てた言葉は、「からくり」でした。

「新しいロボットハンドの『からくり』の開発に成功」と発表したところ、技術の凄さや実物のインパクトもあって、すぐにネットニュースやその夜のテレビ報道、翌朝の新聞記事に出て、その結果、実用化に向けた問合せも多数、さらにはテレビドラマ協力依頼の問合せまで。世の中から幅広くたくさんの関心を得られました。

言葉の力、文脈と言葉の機知、円滑なコミュニケーションやときに駆け引き。そういったことは、現代文だけでなく、古今和歌集で紀貫之の仮名序、源氏物語、平安の和歌と社会、それから漢文にも教わったものだと思います。

第二に、国語を通じて、「メタ認知」を鍛錬できました。自分の置かれた状況を、自分視点だけではなく、一歩引いて俯瞰・相対視する能力。ビジネス書にもあったりしますね。今の職場では、研究計画や技術ロードマップを考えるような長期的取組から、交渉事のような日常業務まで、不可欠な能力です。私の場合、初めて自覚的に訓練できたのは「羅生門」だったと思います。

「羅生門」で、小説の「語られる作中世界」と「語り手」との区別を詳しく読みました。この小説が特に面白いのは、作中世界を何でも知っているはずの語り手なのに、登場人物の下人の行方を知らない結末。そしてよく読むと途中、実は語り手も下人の心情なんて正確には分かっていないんじゃないか？　という揺らぎさえ考えさせられます。語り手の存在すら絶対視することを許さず、小説世界の構造自体から問い直し得ることを教わりました。登場人物と出来事を追うだけで

はなく、一段高い視点から、小説の語られ方（語り手）それ自体まで問うこと。この訓練こそがメタ認知を養う機会でした。そして、作文と添削、自分の言葉で思考を巡らせ、コメントをもらうことで、よく体得出来たと思います。作文と添削は、本当に有難かったです。

第三に、そもそも論理的思考は、国語で習得できたと思います。数学や物理、歴史など他科目でも勉強しますが、根源的に「考えるとは何か」「考える自分とは何か」「考えるに用いているこの言葉とは何なのか」を論理的に問うことは、国語固有の経験です。例えば、歴史科目では過去に語り継がれてきたことを事実として学びますが、そもそも語るとは何か、語らない・語り得ないとは何かについてまで考え抜く訓練は、国語科目の範囲でした。中島敦「文字禍」の老博士ナブ・アヘ・エリバや、岡真理、西谷修に学んだことです。高校では、哲学も、文化人類学も社会学心理学も、認知科学だって、国語教科書の小説や論説文にありました。

コンピュータサイエンスで例えると、プログラミングを駆使して統計解析とかCG処理とかを実行するのが「各科目」。一方、そもそもプログラミング言語やコンピュータ自体まで問うのが「国語」。わざわざ言語自体を問い直さなくても、統計解析などのツールは実行可能です。けれど、ツールの限界を理解し、改善や革新に挑むためには、プログラミング言語やコンピュータ自体から問い直す必要があります。

私にとって高校国語は、考える鍛錬そのものでした。今となっては、あの国語の授業を受けていなかったら、というのは想像もできないくらい（言葉について考えずして、一体どうして言葉を操ることができたんだろうかと思うと空恐ろしいほどに）。自分の思考体系の基礎、根幹になっていると思います。

――教材として、小説や論説文に代わって契約書や生徒会規約が取り上げられようとしています。

藤本　読んで驚きが無さそう。語彙力は鍛えにくそうだし、受験勉強に退屈しそう。古典も小説も論説も、読めば何かしらの驚きや面白さ、気付きがありました。読めば読んだだけ血肉に。特にメタ認知思考は、語られる世界と語り手の立体構造がある小説をごりごり論理的に考え抜いたからこそ養えたように思う。ただ、私が教わった先生方は、そもそも「言葉を用いた契約とは何か」から問い直す議論をみせたり、契約書の言葉が焦点となる小説を紹介したりして、血沸き肉躍る言葉と人の問題を教えてくれたかもしれません。なんであれ先生が楽しそうだと、生徒としては、大いに刺激を受けました。

（二〇一九年十二月）

第四部　高校の現場から

安達　洋／八木澤宗弘

コラム②

中崎学

共通テスト記述式導入問題に触れて

安達　洋

国語教育から文学が消える、ということで、ちょっと思い起こすことがある。

先ごろ、早朝のあるラジオ番組でドクターコースに行かない理系学生が増えていると報じていた。学生はみな研究ではなく、既存の成果の応用と購買の方とに関心を示し、新しい発見だの未知の法則だのに注意関心を示さなくなってきたという。これはとても由々しき事態である、ということは番組を聴いているこちらにも随分と伝わって来た。が、その後は、報道者の声で、まだまだこの世には科学では一杯わからない不可解なこともあるので、研究者はどんどん出て来てほしい、というところで話は終わった。が、こちらの頭脳は動き続けた。なぜだろう。なぜ、未知の領域に挑むという特権的なスリリングな知的冒険を、放棄する学生が増え続けているのか。残念の念以上に、不思議の念が頭を持ち上げた。

そうだな、とこちらは番組の内容が政治に切り替わったところで天井を向いた。高齢者の医療負担額が所得に応じて一割から二割に引き上げられるそうだ。政府はこの法案を早急に通そうとしている、とか何とかラジオが述べているところで、ラジオ音声はこちらの頭の中から消えた。そうだな、と筆者は考え続けた。若者たちはもう、この世のことはほぼ、今のところでまあオーケーと考えているのではないか。もう大体、科学は私たちの不便をほぼ解消したのであって、これ以上生活の上で科学の恩恵にあずからなくても、われわれ人類はほぼオーケー。困らない。ウイ、アー、インナフ。哲学者カントは死の直前「これでよい」と言ったというが、そして漫画家赤塚不二夫のバカボンのパパは事終わるたび「これでいいのだ」と言ったが、それぞれ意味は違うのだが、現代の若者の方はほぼみんなが、何もこれ以上、未知を既知に化すことができなくとも、「私たちはこれで十分」と言っているように感じた。

さて「国語」についてであるが、記述問題論議が盛んである。いや、盛んであった、というべきか。昨年の十二月の中旬、大学入試新テストに出題を予告されていた国語の記述問題の出題が見送られ、延期される

ことが正式に決定された。事態が一まずこのように収束するまでに、様々な研究会や学会、ワークショップや反対集会、署名運動までが行われたと聞く。筆者も正直なところあんまり賛成ではなかった。あんまり、という風に煮え切らないのは、こちらがどこまでも現場の教師で、ともかく決定事項につき早急に対策を練らねばならないからだ。教育現場というのは、とかく本質的な論議はさて置き、早く体制に順応していかなければならないからである。正直なところ、筆者の想いとは無関係に、勤め先である本校ではもう、かなりな部分で共通テストの記述対策は進められていたし、生徒たちも熱心に取り組んでいた。ところが、である。

まあ一言で言って、燃えないのである。面白くない。つまらん。自分が車の運転免許証も持っていないのに駐車場の契約書を読むだの、自分がもう大学生になろうとしているのに、生徒会の規約を読むだのというのは、まあ、全く知的興奮をもって取り組めないのであって、他人事を自分から切り離して扱う力を「国語」という教科で試されているのである。自分が行きもしない旅行の行程や契約書の中身について、関心を持って取り組め、等と言われたところで正直言って煩わしいだけである。何の意欲も湧いては来ない。つまり「自分」という個体個性を無くされて、説明書等の書類の文章を読むことをいくら強要されても、とんと乗ってはいけない。実用の文章というのは、必ずそこで役に立ってうれしい存在がいるのであるが、これらの文章にテストという形で取り組むのには、そうした存在がそもそもいないのだからどうにもしょうがない。それは相手が情報であり、そうであるため相手に個性というものがないのに加えて、それに取り組むにあたり、受験生たちは「自分」をも個性を消した情報の受容機械に化さねばならないからだ。これではAIである。人間が情報機械化した、すなわちもっと言えば、人間の身体の一部が情報化を来たしているのである。とりわけこのテストにはそんなことが感じられた。

ところが翻って、例えば国立大学の二次試験の記述問題を考えてみよう。これは面白い。少なくとも相手の文章に個性があるのに加えて、それに対する学生たちの知的興趣の方にも訴える。そういう文章たちが並んでいる。そこで二次試験の記述問題の答案では次のようなことが起こる。すなわち、個性的な問題文に対して、受験生たちはそれぞれに、それを「魅力的」に享受し認識するという芸当を行うのだ。それはくどいようだが対象の持っている固有のインタレストに自分の個性的なフィーリングがマッチして化学変化を起こす、そこで生じるエネルギーの熱気が、そうしてでき

た記述答案には満ち溢れるということでもある。私もしばしば勤務先の生徒諸君の目の覚めるような答案に接することがあるが、そういう答案には必ず対象である文章の持つ魅力と、その読者である生徒各人の興趣との、息詰まる迫真の心の通じ合いが見られる。心は心でしか認識できない、と言ったのは確かベルクソンだったと記憶するが、この哲学者が最後に到達したのが人間社会にしかないもの、つまり道徳と宗教とであったことは興味深い。人間の心は社会の構成要員たる人と人との間で最高に燃焼するのであり、この二つを、論理ではなく心の問題と捉えたところに、彼のヒューマニストにしてモラリストたる偉大なる個性的な一面があったのだ（と私は思う）。

で、このとき、大学入試の二次試験という場もまた、出題文という知的媒介を通しての人と人との心の通じ合いの場にほかならない。いな、さらにもっと言えば、間に存在する知的媒介物こそが逆に、それを挟む両者をホットな人間にしたのである。情報の人間化である。優れた答案には、いろいろな程度段階はあるにはあるけれども、確実に、出題文と読者との間に、この知性の触れ合いを感じ取ることができる。そしてこの力は、それが及ぶ限りで本文に、受験者サイドにおける様々な興趣の根拠を次々に見出していく。でまた、その本文中の根拠というのが、面白いことに、出題者が着目し面白いと思っている本文中の根拠とほぼ確実に一致する。それは不思議なくらいに一致するのだ。

そこで唐突に思われるかもしれないが、次のようなことを思い出す。私事で恐縮だが、今から三十年以上前、院試の面接試験の中程で、ある先生から○○全集の第□巻第△章にはどんなことが書かれていましたか、と問われ、ちょっと考え思いつきを答えたところ、ドンピシャの正解だった。そのとき、それを質問された教授先生が会心の笑みを浮かべてくださったのが忘れられない、とこの話を友人にしたところ、彼は感心して、「よくまあそんな全集の隅々まで覚えていたね」と言ったけれども、当方は、「いやいや、あの全集で一番面白くて心に残っていたのがその第□巻第△章であったまでで、偶々自分は、それを覚えていただけだよ」と答えると、「ふうん」と納得したようであった。つまり学究する人間である限り、面白い、と感ずるところは一致するところが多いのだ。そう、共感、である。生徒諸君の国語答案の採点をするたびに、いつもこの記憶を思い起こすのだが、さてこれからまた、話は飛ぶのであるが、実はこれが、これこそが、一時期指導要領でも問題にされ、センター試験追試でもちょくちょくお目見えした「批評」である。つまり相手の

問題文正解の感の呼び起こす、知的興趣を媒介とする心的交流の論理的散文化のことである。記述式の問題というものは、本来これが答案の上に欲しいのだ。そしてこれが欲しいからこそ、記述式問題は従来の第一次テストには取り入れられなかったのではないか。よく問題にされる国語における「論理」というのも、そもそもの客体に備わっている法則的な論理ばかりではなく、こういう主体的な論理についてもその存在が確認されるべきだった（と私は思う）。

そしてその「批評」――。それはすなわち人間にしかできない所業である。ＡＩにはできない。そちらにできるのはあるデータのランク付けだけである。批評ではない。なので、かくして記述問題というものは、当然のこと、人間が人間に対し行う試験である。いなさらに言えば、文章をもしも情報と捉えてよろしいなら、それは誤解を恐れずに申すならば、情報を、享受者の知的インタレストで肉付けし色付けして人間として理解する、つまり情報の人間化理解といったことを試すものなのである。問題文たる情報が、どれくらい人間の形をとって受験生の心と頭脳に享受され得るか。それは人間の部分的な情報化を前提としたものではなく、それとは逆に情報の、全的な人間化を促す行為である。換言すれば、それは対象を、自分とは無関係な客体として観念化した上で、それらを数珠玉つなぎのように断片的に結んでいく論理といったものを駆使する場なのではなくて、いわば対象と自分とが一丸となって共感し燃え上がった知的情趣、そして興趣の中から立ち上がってくる脈絡、理路を求めて行こうとする場なのである。そしてそこには、先の言葉で言えば、インタレストにインスパイアされた「自分」というものがほぼ確実に認められ得る。

で、もしそうなら、やはり国語という教科の根底にはどうしたって知的興味の要請というものがなければならない。その発憤がなければ現状でオーケー、未知のもの、他者を取り入れる必要もないわけだ。あるものだけで勝負、そのコンビネーションをもって足れりとする。かくして人間の内面は既存の観念だけで充満し部分的に情報化する。が、しかし、反対に、もしもその知的な感興や熱心があれば、物質たる文章やデータに対しても、それを豊かに人間化することができるのだ。そこで冒頭に置いた私的日常的な一挿話を思い出してほしい。つまりかつての、ともすれば人間の深層へ到達しようとする知的で美的（ということは感動的、ということだ）な近代的探究心と、哲学的思想的認識論的なポストモダン風思索の心とが活躍し跳梁していた自我の場が、今や若い学生たちの内部では、十

把一絡げに、表面的で流通経済的な、情報の観念横行の自我という場へと、どんどん急速に変容して行っている、ということである。そしてそれが、私たちから知的好奇心、乃至は知的興趣というものを、ほぼ着実に奪って行っているのである。

この度の大学入試共通テストにおける一連の記述式問題騒動は、私には、なんだかそうした風潮の象徴的な一発現みたいに思えたりもする。自然に対して憧憬を失えば科学が萎える。異性に対して憧憬を失えば恋愛はふいになる、つまりできない。同様に、人間に対し、世界に対しそして宇宙全体に向けての憧憬を私たちが失ってしまったならば、人間にしかとらえられない知的真実を、個人の眼を通じて手に入れるということを、人類は、と言って悪ければ日本人は、あきらめるしかならなくなる。そこに起こって来るのは、いやはやもう全く残念だが、そして今更何をってことにもなるが、もはや人間が脱人間化してしまう、ということなのではないか。それは要するに、人間が人間の心を失って拡散し観念化し、数珠玉ならぬ電顆粒となって輪郭と個性を失い、情報の一部となってしまうということなのではなかろうか。くどいようだが人間の情報化である。思想界だけではなく、教育界までもついにとうとうここまで来たか、という感じ。昨今の共通テスト論議は、筆者の私にそんなことまでをちらつかせた。そして件の、国語教育から文学が消える、というのもまた、体制者側と享受者側の区別こそあれ、これとまったく同根のことであるように感じられるのだ(決して本意ではないのだが)。

で、このとき、「国語」の学習は、そうした知的飽和現象の厳しい現状に対しての断固たるカウンターであるべきであり、保守的といわれようが反動といわれようが改めて、知的な興趣と好奇心と憧れの再建とを目指して、現代の状況とは逆に、その教材に代表される情報というものの、豊かな人間化を意図せねばならないと思うのである。そうではないか。大学入試のテストというものも、もし可能であれば、そうした国語教育活動の貴重で堅実な一助であってほしいと願っている。少なくとも現況の教育現場からは、そういう指導者の声が、もっともっと高く真摯に上がって行ってほしいと願っている。

「羅生門」×「三段論法」

八木澤宗弘

このたびの教育改革において、「論理」がキーワードの一つであることは誰もが知るところである。たとえば新しい学習指導要領の解説を読むと、「現代の国語」および「論理国語」の「情報の扱い方に関する事項」では、演繹的な推論とそうでない推論とを区別して紹介した上で、これらを実際に使うことを通して最終的に「推論の具体的な方法について理解を確実なものにすること」が求められている。ここから分かるのは、考えや議論の筋道全般を指す広義の論理を学ぶだけではもはや十分でなく、論理学で扱うような狭義の論理についても国語の授業で学ぶことが要求されているということだ。

国語教育はこれまで、新指導要領が定義するところの「文学的な文章」を用いて論理を扱ってきた。しかし、「文学的な文章」は論理を学ぶ教材としてふさわしくないと考えられているようで、新指導要領では、論理を扱う「現代の国語」および「論理国語」の教科書で用いられるのは「文学的な文章は除いた文章」であることが繰り返し述べられている。文章はそもそもは、文学的か否か（論理的か否か）によって分けられるものではないが、新指導要領の定義に従うにしてもここまで徹底的に排除されてしまうほど、「文学的な文章」は論理を教えるのに適していないのだろうか。

筆者は、「文学的な文章」でも論理を教えることができると考える。しかし、ただ教えることができるだけでは、文学をあえて用いる理由にはならない。「文学的な文章」がこれからも論理の教材として有効であることを示すためには、新指導要領で求められる狭義の論理まで文学がカバーできることを確認したうえで、文学教材の独自性を打ち出す必要があるだろう。

狭義の論理を学ぶ具体的な方法としては、野矢茂樹による短文を用いたトレーニングや、最近では仲島ひとみによる漫画を用いた授業など、これまでも優れた実践例が提出されてきたが、本稿では、切り離されつつある文学と論理とを橋渡しする目的で、文学教材を本文とした狭義の論理に関する設問を提案したい。

本文は、指導要領改訂後も生き残ることが予想される定番教材である芥川龍之介「羅生門」を用いる。扱

う論理は、演繹的な推論の一つである「三段論法」だ。「羅生門」では、自分の行為を正当化する老婆の言い分などが論理的に書かれているため、これまでも教科書にはその内容をまとめさせる手引きが多く見られた（中にはずばり「老婆の論理」という言葉を用いているものもある）。以下の問題は、「羅生門」から取り出せる論理を基本的な推論の形式に当てはめ、命題の真偽や推論の正誤を判断しながら、三段論法の理解を目指すものである。

分析してしまえば、老婆の言い分には論理の誤りがあることがわかる。しかしここで注目すべきは、それでも対話が成立している点である。おそらく「論理的な文章」では、ある発言の論理が正しくないのにもかかわらずそれを直接指摘することなく対話が進むことは（論理的でないので）許されないだろう。一方、文学や日常生活ではこれが許される。対話が進んだ結果、老婆が自己弁護のために用意した論理は、下人によって老婆自身に対して再び用いられることで、結果的に老婆を断罪することになる。このような、文脈によって働きを変えるような論理の振る舞いは、「羅生門」が論理の不正を看過して対話を進めたからこそ見られるのである。文学教材は血の通った論理を提供することができるのだ。これに触れることが、論理の実用に役立つはずである。

文学の魅力の一つである論理の飛躍や誤謬を、そうと知りながら楽しむためには正しい論理を知っていることが不可欠であるため、狭義の論理を国語教育に取り入れることには賛成である。しかし、それを学ぶのに文学はふさわしくないと断じてしまうにはいささか時期が早いように感じる。今回は三段論法に限定したが、「ド・モルガンの法則」や「逆・裏・対偶」など、論理に欠かせない他の要素についても、文学教材で扱える可能性を模索したい。

文章【X】・【Y】を読んで、以下の問に答えなさい。

【X】

［ある日の暮れ方、京都の荒廃の影響で職を失った下人は荒れ果てた羅生門の下で雨が止むのを待っていた。生きていくためには盗人になるしかないと考えながらもその勇気が持てないでいる下人は、とりあえず夜を明かすために、引き取り手のない屍骸が数多く捨てられている門の上の楼に上がる。そこで下人は、屍骸の中に一人の老婆を発見する。］

下人の目は、その時、はじめて、その屍骸の中にうずくまっている人間を見た。檜皮色の着物を着た、背の低い、痩せた、白髪頭の、猿のような老婆である。その老婆は、右の手に火をともした松の木片を持って、その屍骸の一つの顔をのぞきこむように眺めていた。髪の毛の長いところを見ると、たぶん女の屍骸であろう。

下人は、六分の恐怖と四分の好奇心とに動かされて、暫時は呼吸をするのさえ忘れていた。旧記の記者の語を借りれば、「頭身の毛も太る」ように感じたのである。すると、老婆は、松の木片を、床板の間に挿して、それから、今まで眺めていた屍骸の首に両手をかけると、ちょうど、猿の親が猿の子のしらみをとるように、その長い髪の毛を一本ずつ抜きはじめた。髪は手に従って抜けるらしい。

その髪の毛が、一本ずつ抜けるのに従って、下人の心からは、恐怖が少しずつ消えていった。そうして、それと同時に、①この老婆に対するはげしい憎悪が、少しずつ動いてきた。——いや、この老婆に対すると言っては、語弊があるかもしれない。むしろ、あらゆる悪に対する反感が、一分ごとに強さを増してきたのである。この時、誰かがこの下人に、さっき門の下でこの男が考えていた、飢え死にをするか盗人になるかという問題を、改めて持ち出したら、恐らく下人は、なんの未練もなく、飢え死にを選んだことであろう。それほど、この男の悪を憎む心は、老婆の床に挿した松の木片のように、勢いよく燃え上がり出していたのである。

下人には、もちろん、なぜ老婆が死人の髪の毛を抜くかわからなかった。したがって、合理的には、それを善悪のいずれに片づけてよいか知らなかった。しかし下人にとっては、この雨の夜に、この羅生門の上で、死人の髪の毛を抜くということが、それだけで既に許すべからざる悪であった。もちろん、下人は、さっきまで、自分が、盗人になる気でいたことなぞは、とうに忘れているのである。

そこで、下人は、両足に力を入れて、いきなり、梯子から上へ飛び上がった。そうして聖柄の太刀に手をかけながら、大股に老婆の前へ歩みよった。老婆が驚いたのは言うまでもない。

老婆は、一目下人を見ると、まるで弩にでもはじかれたように、飛び上がった。

「おのれ、どこへ行く。」

下人は、老婆が屍骸につまずきながら、慌てふためいて逃げようとする行く手を塞いで、こう罵った。老婆は、それでも下人をつきのけて行こうとする。下人

はまた、それを行かすまいとして、押しもどす。二人は屍骸の中で、しばらく、無言のまま、つかみ合った。しかし勝敗は、はじめから、わかっている。下人はとうとう、老婆の腕をつかんで、無理にそこへねじ倒した。ちょうど、鶏の脚のような、骨と皮ばかりの腕である。

「何をしていた。言え。言わぬと、これだぞよ。」

下人は、老婆をつき放すと、いきなり、太刀の鞘を払って、白い鋼の色を、その目の前へつきつけた。けれども、老婆は黙っている。両手をわなわなふるわせて、肩で息を切りながら、目を、眼球がまぶたの外へ出そうになるほど、見開いて、おしのように執拗く黙っている。これを見ると、下人は初めて明白に、この老婆の生死が、全然、自分の意志に支配されているということを意識した。そうしてこの意識は、今までけわしく燃えていた憎悪の心を、いつの間にか冷ましてしまった。後に残ったのは、ただ、ある仕事をして、それが円満に成就した時の、安らかな得意と満足とがあるばかりである。そこで、下人は、老婆を見下ろしながら、少し声をやわらげてこう言った。

「おれは検非違使の庁の役人などではない。今し方この門の下を通りかかった旅の者だ。だからおまえに縄をかけて、どうしようというようなことはない。ただ、今時分、この門の上で、何をしていたのだか、それをおれに話しさえすればいいのだ。」

すると、老婆は、見開いていた目を、いっそう大きくして、じっとその下人の顔を見守った。まぶたの赤くなった、肉食鳥のような、鋭い目で見たのである。それから、しわで、ほとんど、鼻と一つになった唇を、何か物でも噛んでいるように、動かした。細い喉で、とがった喉仏の動いているのが見える。その時、その喉から、鴉の啼くような声が、あえぎあえぎ、下人の耳へ伝わってきた。

「この髪を抜いてな、この髪を抜いてな、かつらにしょうと思うたのじゃ。」

下人は、老婆の答えが存外、平凡なのに失望した。そうして失望すると同時に、また前の憎悪が、冷ややかな侮蔑といっしょに、心の中へはいってきた。すると、その気色が、先方へも通じたのであろう。老婆は、片手に、まだ屍骸の頭から奪った長い抜け毛を持ったなり、蟇のつぶやくような声で、口ごもりながら、こんなことを言った。

甲【「なるほどな、死人の髪の毛を抜くということは、なんぼう悪いことかもしれぬ。じゃが、ここにいる死人どもは、皆、そのくらいなことを、されてもいい人間ばかりだぞよ。現に、わしが今、髪を抜いた女など

はな、蛇を四寸ばかりずつに切って干したのを、干し魚だと言うて、太刀帯の陣へ売りに往んだわ。疫病にかかって死ななんだら、今でも売りに往んでいたことであろ。それもよ、この女の売る干し魚は、味がよいと言うて、太刀帯どもが、欠かさず菜料に買っていたそうな。わしは、この女のしたことが悪いとは思うていぬ。せねば、飢え死にをするのじゃて、仕方がなくしたことであろ。されば、今また、わしのしていたことも悪いこととは思わぬぞよ。これとてもやはりせねば、飢え死にをするじゃて、仕方がなくすることじゃわいの。じゃて、その仕方がないことを、よく知っていたこの女は、おおかたわしのすることも大目に見てくれるであろ。」】

老婆は、大体こんな意味のことを言った。

下人は、太刀を鞘におさめて、その太刀の柄を左の手でおさえながら、冷然として、この話を聞いていた。もちろん、右の手では、赤く頬にうみを持った大きなにきびを気にしながら、聞いているのである。しかし、これを聞いているうちに、下人の心には、ある勇気が生まれてきた。それは、さっき門の下で、この男には欠けていた勇気である。そうして、またさっきこの門の上へ上がって、この老婆を捕らえた時の勇気とは、全然、反対な方向に動こうとする勇気である。下人は、飢え死にをするか盗人になるかに、迷わなかったばかりではない。その時の、この男の心もちから言えば、飢え死になどということは、ほとんど、考えることさえできないほど、意識の外に追い出されていた。

「きっと、そうか。」

老婆の話が終わると、下人は嘲るような声で念を押した。そうして、一足前へ出ると、不意に右の手をにきびから離して、老婆の襟上をつかみながら、噛みつくようにこう言った。

「②では、おれが引剥をしようと恨むまいな。おれもそうしなければ、飢え死にをする体なのだ。」

下人は、すばやく、老婆の着物を剥ぎとった。それから、足にしがみつこうとする老婆を、手荒く屍骸の上へ蹴倒した。梯子の口までは、僅かに五歩を数えるばかりである。下人は、剥ぎとった檜皮色の着物をわきにかかえて、またたく間に急な梯子を夜の底へかけ下りた。

下人の行方は誰も知らない。

（芥川龍之介「羅生門」より）

【Y】

論理学における推論の形式の一つに三段論法というものがある。三段論法とは、二つの前提の条件をもとに、結論を推定するものである。結論命題が肯定の場合と否定の場合、たとえばそれぞれ次のようになる。

肯定　前提Ⅰ：　AはBである。
　　　前提Ⅱ：　SはAである。
　　　結論：　SはBである。

例　前提Ⅰ：　人間は死ぬ。
　　前提Ⅱ：　ソクラテスは人間である。
　　結論：　ソクラテスは死ぬ。

否定　前提Ⅰ：　AはBでない。
　　　前提Ⅱ：　SはAである。
　　　結論：　SはBでない。

例　前提Ⅰ：　人間は不死ではない。
　　前提Ⅱ：　ソクラテスは人間である。
　　結論：　ソクラテスは不死ではない。

この場合、成立条件としては、
・どの命題も主語と述語から構成されている。
・結論命題の主語と述語が、二つの前提に一回ずつ現れている。
・二つの前提のどちらも正しいことが客観的に検証されている。
・SはAの部分集合である。
などが挙げられる。

【問題】

問一　傍線部①〈この老婆に対するはげしい憎悪が、少しずつ動いてきた。―いや、この老婆に対すると言っては、語弊があるかもしれない。むしろ、あらゆる悪に対する反感が、一分ごとに強さを増してきたのである〉について。下人が目撃したのはあくまで老婆の行動であるにもかかわらず、ここでは憎悪の対象が「老婆」から「悪」に変化している。この下人の心情を三段論法によって次のように表してみた。

前提Ⅰ：　老婆の行為は下人の憎悪の対象である。
前提Ⅱ：　老婆の行為は下人にとって悪である。
結論：　あらゆる悪は下人の憎悪の対象である。

しかし、この三段論法は論理的に正しいとは言えない。その理由を説明した文章としてふさわしいものを、次のア～エから選んで答えなさい。

ア　下人が何を憎むかという、時と場合によって変化する心情を推論の対象にしてしまっている。
イ　下人は、老婆の行為が一体何の罪に当たるのか分からないまま憎悪してしまっている。
ウ　老婆の行為が下人にとって悪かどうかという、極めて限定的な内容について語っている。
エ　老婆の行為は悪の一例にすぎないのに、結論命題ではすべての悪に言及してしまっている。

問二　甲【　】部について。以下の問に答えなさい。

1、老婆の発言を次の①～⑩のようにまとめたとき、ここからは前提Ⅰ・前提Ⅱ・結論のうち、前提Ⅰに⑥「生きるために仕方なくする行いは悪ではない（許される）」が入る三段論法を二つ抽出することができる。そのときの前提Ⅱと結論としてふさわしいものを、それぞれ①～⑩の組み合わせで答えなさい。ただし、同じものを複数回選んでもよい。

①死人の髪の毛を抜くことは一般的に悪いことである。
②ここにいる死人は悪いことをされても仕方ない。
③女は蛇を干し魚と偽って売った。
④蛇を干し魚と偽って売ることは悪ではない（許される）。

⑤蛇を干し魚と偽って売ることは生きるために仕方なくする行為である。

⑥生きるために仕方なくする行為は悪ではない（許される）。

⑦老婆は死人の髪の毛を抜いた。

⑧死人の髪の毛を抜くことは悪ではない（許される）。

⑨死人の髪の毛を抜くことは生きるために仕方なくする行為である。

⑩女は老婆のしたことを許す。

2、老婆の発言について説明した次の文章のうち、正しくないものはどれか。記号で答えなさい。

ア、老婆の発言は、類似する他の行為の例を挙げてそれを肯定しているため、老婆の行為の正当性が増したように見える。

イ、老婆の発言は、前提の正しさが客観的に検証されていないため、どのように導いたとしても結論が正しいとは言えない。

ウ、老婆の発言は、時系列に沿って文章が組み立てられているため、実際の論理展開とは異なった文の順序になっている。

エ、老婆の発言は、「じゃが」や「されば」などの接続表現が多用されているため、それぞれの文の連接関係を捉えやすい。

問三　傍線部②〈では、おれが引剝をしようと恨むまいな。おれもそうしなければ、饑え死にをする体なのだ〉について。この下人の発言はどのような論理構造になっているか。次の空欄α・βを埋めて三段論法を完成させなさい。

前提Ⅰ：　生きるためにする行いは許される。

前提Ⅱ：　［　α　］

結論：　［　β　］

問四　老婆と下人のやり取りの場面について説明している文として正しいものを、次のア〜エから選んで答えなさい。

ア、この場面には、論理的に破綻した発言について、いかにしてその破綻した箇所を指摘し修正するかという、問題の解決法が描かれている。

イ、この場面には、たった一つの発言が、相手に感銘を与えて人生の行く末を決定づけるという、

論理の持つ影響力の大きさが描かれている。

ウ、この場面には、一旦形成された人間関係は、いかに論理的で正しい発言だろうが覆せないという、人間の非合理的な一面が描かれている。

エ、この場面には、自分の行為を正当化するために発言した者が、自ら用いた論理によって痛い目に合うという、皮肉な様子が描かれている。

【解答】

問一　エ

問二　1、正解1：　前提Ⅱ…⑤　結論…④
正解2：　前提Ⅱ…⑨　結論…⑧

2、ウ（「時系列に沿って」が×）

問三　α：引剝をすることは生きるためにする行いである。

β：引剝をすることは許される。

（ただし、「引剝をすること」は「引剝」のみでも可）

問四　エ

参考文献

文部科学省『高等学校学習指導要領（平成３０年告示）解説　国語編』東洋館出版社、二〇一九年

井上尚美『言語論理教育入門』明治図書出版、一九八九年

野矢茂樹『論理トレーニング１０１題』産業図書、二〇〇一年

野矢茂樹『新版　論理トレーニング』産業図書、二〇〇六年

仲島ひとみ「国語の授業で「論理」を学ぶ」（『どうする？　どうなる？　これからの「国語」教育』）幻戯書房、二〇一九年

コラム② 予備校の現場から

生きた現代文を問う

中崎 学

昨年の暮れの昼下がり、リビングでウドンを食った後ぼんやりワイドショーをながめていたら、あの斎藤孝先生が出演しており、来年度から開始される予定の「大学入学共通テスト」の問題点について講じていた。私もいちおう予備校講師なので、この話題に無関心ではいられない。お昼のワイドショーに傾けるには惜しいほどの集中力をふり絞り、昼寝に誘われる目をかっぴらいて視聴していたわけだが、そこで行われていたのは、スタジオの出演者たちに昨年文科省が作成した「共通テスト試行調査」の記述問題を解かせ、斎藤氏が口頭で採点するというものだった。

あたりまえすぎて口にだすのもイヤになるが、文科省が発表した「正解例」つまり満点答案より、出演者たちの解答の方がはるかに良いという、先生のお墨付きが出た。まあ、そりゃそうだよね。呟きつつ私はウドンを片付けに立った。ワイドショーでまで――といって懸命に番組を盛りあげている出演者たちや毎日楽しみに見ている視聴者たちを貶めるつもりは毛頭ないが――「共通テスト」の愚かしさは骨の髄まで暴かれてしまっている。五十万人超の受験生の採点を短期間に事故なく公平になしとげることのできるようなマンパワーが、もしすでにわが国に存在するのであれば、それほどまでに有能な人材を大量に社会に送りだすことができている現行の教育を、そもそも改革する必要なんてない。そんな自己矛盾に気づかない改革案など、飲み残したウドンツユよろしく下水管に流しこめ

たらよいのに、というのがその空しい時間がもたらした唯一の感想であった。さすがに自己矛盾に気づいた文科省が、記述問題をやめると言いだす、一ヵ月ほど前の出来事である。

実際、文系学部を安楽死に導かんとする政策のアホらしさだとか、四技能を問う英語民間テストの活用と、数・国の記述問題という「両目」をいきなりくりぬかれた「共通テスト」のズサンさであるとかについては、被害者たる高校生だけではなく、全国津々浦々の老若男女にもはや周知が行きとどいているから、ここで私なぞが屋上屋を架す必要はあるまい。まだ実情をご存じないという方は、たとえば『中央公論』二〇一九年十二月号の伊藤氏貴氏の文章などを一読いただければ、問題の委細はそこに尽きている。だから的を絞ろう。新指導要領によって、高校二・三年生向けに新たに作られた「論理国語」と「文学国語」という区別について、「予備校講師」の目線も含め、いくつか話をしてみたい。

＊

これまでの高校現代文の教科書といえば、芥川の『羅生門』や鷗外の『舞姫』といった近代小説にくわえ、谷川俊太郎の現代詩や鷲田清一や養老孟司の評論文など、多種多様な文章を一冊にパッケージしたものだった。数学や理科の体系だった教科書にはありえない、ゴッタ煮が醸す滋味といった大らかな興趣がそこにはあった。

いわば〈カレーの寛容〉とでもいえようか。インド仕込みのスパイスカレーだけがカレーではない。大英帝国御用達の気取ったカレーも、タイの激辛カレーも、隠し味に醤油をたらした和風カレーも、カレーパンもカレー饅もカレーウドンも、なんならカレーパンマンだってすべてカレーである。材料をスパイスで煮ればなんだってカレーという大風呂敷は、近代以降の日本語で書かれた文章はなんだって現代文だという風通しのよい大風呂敷と通いあう。『舞姫』には作ってから一晩おいたカレーの旨味がある。リズミカルな現代詩はぴりりとした辛さを、科学や文化を扱った評論はどっしりしたスパイスのぶ厚い構成を味わわせてくれる。そうした食卓に招かれた私たちは、学ぶ者というより貪る者だった。もらった瞬間にメニューをながめ、あれこれつまみ食いしたくなるような教科書がほかにあったろうか。

「論理国語」と「文学国語」の分離とは、いわばインド風と和風を、

同じカレーではない別種の食物として峻別するような近視眼的愚行である。それだけではない。両者はなんとトレードオフの関係に置かれるのだ。つまり「論理国語」を採用した高校は、ほぼ「文学国語」を採用できなくなるのだ。これはカレーはインド風だけを食え、カレーウドンを食うのはまかりならんという無体な掟を強いるがごとき暴挙である。

たしかに小説など読まなくても人は生きていける。タイカレーを一生食わずとも生きていけるように。だがそれは、整数問題が解けずとも生きていけるということと等価だ。さらに言えば、ウィキペディアの貼りつけと隣国にたいする性悪なルサンチマンで塗り固めた「国史」とやらが大ベストセラーになってしまうという事態は、高校で日本史を学んだところで、当人の人生には何ら意味がないということを露骨に証していないか。

「共通テスト」の試行調査では、新たなジャンルである「実用文」（「論理国語」の範疇に入る）の問題例として「駐車場の契約書」や「架空の高校の校則」から、有用な情報を検索するといったシロモノが出題された。これの問題点は紅野謙介氏の『国語教育の危機』などに委細が尽くされているから詳細は省くが、つまるところ、哀れな受験生たちはゲロマズのカレーを食えとお上に強いられているのである。生きたいのならこれしか食うものはないぞ、と詐欺めいた恫喝を受けて。

私は大学に入ったころ、知らずに誘われて訪れたとある新興宗教団体の施設で、夕食として湯にルーを溶かしただけの具なしカレーが提供されたことを思いだす。うまい、うまいと笑顔で食べている周囲を見て、私はどうやってもこの人たちにはついていけないと思った。

教育とは、生きるための最低限のカロリー摂取を強要することではない。この世界に旨いものはたくさんある、さあこれもあれも食え、と質量たっぷりに歓待してやるのが、私たちの未来の社会を支える若き賓客にたいする真の「おもてなし」ではないか。「駐車場の契約書」などをうまい、うまいと喜んで食べるような人間を育てて、どうしようというのだ。いや、どうやらこの国も、ある種の宗教的なファナティシズムに蝕まれつつあるということなのか？　ひょっとしてそれは「身の丈教」なんて名前なのだろうか？

＊

問題の根っこは、そもそも「国

語」・「現代文」を、「論理」と「文学」に分割することなどできっこないという点にある。話が拡散しないよう、私が専門とする受験現代文の領域に限ろう。

大学入試では小説が出題されることがある。小説の問題は、基本的には①主人公をはじめとする登場人物の「心理」を問うものと、②比喩や象徴など、作中の「表現」の巧みな効果を問うものの二つがメインとなる。言うまでもないことだが、①・②のいずれにおいても重要なのは〈論理的に解答を導きだせているか〉ということだ。「心理」は読んで字のごとく「こころのことわり」である。ある「表現」が文脈上どのような効果をあげているかを考えるには、原因と結果に関する厳密な理路をたどることが必要だ。受験生の解答が論理的でなければ、そもそも採点なぞできはしない。逆に、すぐれた評論文は「論理」だけでなく、うっとりするような比喩がちりばめられていたり、筆者の「心情」が芳香のごとく滲んでいたりするものだ。良い入試問題は「論理国語」と「文学国語」といったズサンな二項対立を知らない。そういう硬直した排除と選別の「擬似論理」を飛びこえたところに、生きた現代の文章があると知っている。若くしなやかな頭が学ぶべきは、ゴミの分別とまがう皮相な「ブンベツ」ではなく、領域横断的に知をのびやかに解き放つ「フンベツ」だということを知っている。

「論」より証拠。過去の入試問題の例をあげよう。どこの大学でもいいが、ひとまず東大を選んでおく。「傍線部はどういうことか、説明せよ」という問いかけだ。試みに解答を書いてみられたい。

ひとと話をしていて、話の途中で、そのひとの背後に、ふと視線が及ぶことがある。

何かとても大切なことを話しているときに、後ろで、樹木がはげしく風に揺られていたり、夕日がまぶしく差し込んでいたり、鳥が落ちてきたり、滝が流れていたり、不吉な雲が流れていたりするのに眼がとまる。

不思議な感じがする。こちら側の世界と触れ合わない、もうひとつの世界が同時進行で存在している。そのことに気づくとおそろしくなる。背後とはまるで、彼岸のようではないか。

そしてわたしが見ることができるのは、常に、他人の背後ばかりだ。見えるのが、いつも、ひとの死ばかりであるというこ

とと、これはまったく同じ構造。
（小池昌代「背・背なか・背後」）

シビレるような傍線の引きようではないか。「背後とはまるで、彼岸のようではないか」だなんて。周囲の文脈もいかにも不穏にざわついている。誰かと話をしていて、相手の背後で「鳥が落ちてきたり、滝が流れていたり、不吉な雲が流れていたり」したら、そくそくとこわい。死後の世界を見るように、しんしんとこわい。背後も死も、他人のそれしか見ることができないという認識にいたっては、ひとつの哲学的思考のはじまりを告げているようだ。

ここで問われているのは、「比喩表現」であるとともに「論理」である。「文学」であるとともに「哲学」でもある。現代の言葉の「カッコよさ」であるとともに、言葉のもつ「ホラー」でもある。ここで問われているのは偏狭な「文学国語」なんかじゃない。ましてや「駐車場の契約書」といった「実用文」なんかじゃない。「論理」と「心理」、「主張」と「表現」、それらがすべて筆者独特のスパイス遣いで煮込まれて、えもいわれぬ薫香を醸しだしている、生きた「現代文」にほかならない。

蛇足は重々承知だが、私の解答を披瀝して擱筆しよう。「**視線の届かない背後は、当人は見ることのできない、この世界と同時進行している不気味な異世界としての死後の世界に似ているということ。**」

拙作の「現代文」もまた、生きているだろうか？

季刊文科57〜71号連載の物語のトポス「西行随歩」の単行本化作品

西行、生誕九百年に贈る

西行　わが心の行方

松本　徹著

月花に遊び 果敢に生きた！
鳥羽院の北面の武士として出発、
厳しい修行と、花と月と歌の旅を重ねつつ、
乱世を生き抜いた、稀有の歌人僧。
その足跡を丹念に追ひ、歌を軸に心の内に迫り、全生涯に及ぶ……。

目次

一　八角九重塔の下
二　契りある身
三　世を捨てる時
四　浮かれ出づる心
五　常盤 大原 醍醐 東山 嵯峨野
六　奥州への旅立ち
七　大峰と高野山
八　根本大塔を仰ぎつつ
九　保元の乱
十　平治の乱と弔歌の数々
十一　白峯と善通寺
十二　我拝師山、そして友の死
十三　高野山壇場から神路山へ
十四　伊勢大神への法楽
十五　花の下にて

著者紹介
松本　徹（まつもと　とほる）
作家・評論家。
昭和８年北海道生。
前三島由紀夫文学館館長。
著書
『三島由紀夫の最期』『三島由紀夫エロスの劇』
『三島由紀夫の時代 ― 芸術家１１人との交錯』
『師直の恋』『小栗往還記』『風雅の帝 光厳』
『天神への道 菅原道真』など。

鳥影社刊　四六判　358ページ
定価 1760円（本体 1600+ 税）

第五部　作家たちは

佐藤洋二郎／中沢けい／村上政彦／吉村萬壱

季刊文科セレクション（2）

季刊文科編集部 編著
1980円（税込み価格）

それぞれの作家の人生が作品の向こう側から見えてくる気がして、姿勢をただして読んだ。身勝手な技巧に走らず、自分の書きたいものを書くという感情がストレートに届いてきて、読み手のこちらも久しぶりにいい経験をさせていただいた。

（作家・佐藤洋二郎）

収録作品

凪の海　西田宣子

ドアが開いて　荻 悦子

桔 梗　各務麗至

霹靂神　寺本親平

鶴舞い　波佐間義之

鏡の中　花島真樹子

昭和者がたり、ですネン(二)　土井荘平

解 説　佐藤洋二郎

装丁・中島かほる
装画・和田佳子

「読み書き算盤」が大切

佐藤洋二郎

今回の「国語問題」に関して、なにか私見を述べろという話があり、また気にもなっていたので依頼をお引き受けしたが、わたしの考えはとんちんかんで的外れになる気がする。そのことを了承していただいて書くが、まずわたしは学問の初発は「自学自修」だと思っている。だからどんなに改訂されようとも、その姿勢から考えると大差はないのだが、それは大人の論理であって、教育を受けるこどもたちの立場に立てば捉え方も変わってくる。

まず彼らは学校で社会に出るための「学業」をやっているということであり、「業」は仕事という意味だ。これから社会に出て、自立しても大丈夫だと学ぶことであるので、そのあたりを大人が忘れてはいけない。商業・工業・農業高校と書けば、商いや物づくり、農作物に関することを専門に学ぶということであり、そのことを習得してからの「修業」であり「卒業」だということだ。

そして今回の改訂は「論理国語」「文学国語」にわかれると言われ、その選択はまだ知識もなく、判断力もない学生にゆだねるというもののようだ。このことを聞いてまず「論理国語」「文学国語」という言葉の意味がわからなかった。「論理」の「理」は筋目を通すということである。「文学」と「国語」という文字をつなげる理由もわからない。

今日の日本語は明治の開国により、多くの文化や言葉が外国から押し寄せてきて、それを当時の知識者たちの中江兆民・福沢諭吉・西周らが意訳・翻訳してつくったものだ。そこには言霊ということを、強く意識してつくられたはずだ。日本には古くから言霊信仰というものがあり、言葉の力によって幸福がもたらされる「言霊の幸ふ国」になるという文化があった。またわたしたちは、表現できないものは、佇まいで形づくろうとした。華道でも茶道でも、所作によって美しさを現わそうとし、そのことを道徳にまで高めようとした。それゆえに道という文字を充てた。「道」の「首」は始め、「辶」は終わりという意味で、すべて教え、学び、精神の気高さを養おうというものだ。

このように漢字を見れば意味がとれてくるものが多くあるし、先人たちの精神が文字の中に詰まっている。

そう言ったことでは「勉強」は、強いて勉めるという意味合いであり、少々、無理をして努めなさいということでもある。「学問」は問い学びなさい、当たり前のことを疑いなさいということだ。学ぶということはものの見方や判断力を養わせることで、さまざまなことを知り、その道のことを歴然させることが学歴ということだ。

学歴の「歴」は物事を歴然と、つまりはっきりとさせるということであり、今日、「学歴」のことをイメージしているのは、本来は「学校歴」のことだ。偏差値の高い学校が「学歴」があるとは言わない。言葉も文化なので時代とともに、変質・変容するが、物事に迷ったら一度大元に回帰したほうがいいと考えている。

人生においてうまくいくことは多くない。もしそんな僥倖に巡り合ったとしても一過性のことであり、常に苦悩や痛苦、孤独や哀しみなどを抱いて生きていくのが、わたしたちの人生ではないか。複雑な感情に翻弄されて生きるのが人生で、理性よりも感情が優先する。理性的になるのは大変にむつかしい。絶えず困難なことに出会うことは当たり前のことで、知識や経験はそのための判断材料になる。

そういったことをこどもたちに、少しでも身につけさせるのは大人の務めである。なぜなら国家の源は人材であり、人材が出なければ国家は衰退するし滅ぶ。明治維新後に当時の政府が、富国強兵と教育に心血を注いだのもそのためであり、士官学校や師範学校に行く者に、授業料を免除したのもそのためだ。今日の奨学金や防衛大学校が授業料免除にあるのはその名残りだ。

近年では感情指数よりも知能指数が高いほうが優秀だと考える風潮があるが、道幅の狭い、一方通行的な価値観に支配され続けているのではないか。多士済々の人物が輩出することや、一芸に秀でる人間が多く出ることが、社会を活性化させ豊かな国をつくるのだが、偏差値だけが高いという人間をつくるのは、逆に国全体をやせ細らせることになる。社会を硬直化させることはいいことではなく、いずれは軋轢や悪癖を生み、先細りさせていく。だからこそ物事を公平・公正・公明に行うことだ。なるべくそうすることが民主主義だと考えているが、社会が硬直化すれば排除の論理や仲間意識が芽生え、適材適所という考えも希薄になり、社会の弾力性を喪失させる。

戦後、七十五年も経ち、そのことが一層進み、今度の改訂もそれを意識してのことかもしれないが、制度を変えるということは慎重にならなければならない。というのも一度代えてしまうと、なかなか元に戻すこ

とができないからだ。たとえば二〇〇二年に施行された「ゆとり教育」というものがあった。詰め込み教育を打破し、生きる力を養うという考えはいい考えだと思ったが、それ以上に塾に通うこどもたちが増えて、よけいに格差を生むという人々もいた。結局は憂いた人のいうようになってしまった。

あるいは二〇〇四年につくった「法科大学院」のこともある。多額の税金を使い、天下り先が増えただけで、本当に自分たちが国民のために考え抜いた制度かという思いも生まれた。教育は国家が背負うものだと考える者から見れば、結果的には民間に任せ、「ゆとり教育」とは逆になってしまった。「法科大学院」の現在の環境もそうではないか。結果がよければ受け入れられるが、そうでなければとやかく言われるだけではなく、物事の根幹を揺るがすことにもなるし、そこに関わる者の質も疑われることになってくる。わたしがそう感じるのも、教育と律法はなによりも大切だと思っているからだ。

そしてここから極端な穿った見方かもしれないが、わたしは今度の国語教育の発表を知って、いよいよ植民地政策の仕上げがはじまったのかと思った。日本は七十五年前に敗戦国になった。負けると戦勝国の文化が流入してくるのは、古今東西どこの国でも同じことだが日本も例外ではない。勝てば逆の立場になり、自国の文化が流出していくが、負ければそれまでの制度も社会も変わる。現在の日本はアメリカ流の民主主義や制度が押し進められているということになるが、教育もそうではないかという思いがある。

わたしは今日､流布されている「民主主義」や「平和」という言葉を信用していない。そんな言葉がどこにあるのかと懐疑的だ。世界を見渡せば北欧の王国でも、モナコの公国、フランスやイタリアの共和国、イギリスの連邦国、アメリカの合衆国、中国の中華民国、北朝鮮の人民共和国、そして日本もみな「民主主義」という言葉を連呼している。民国の意味は国家や社会を構成する人々のことを指す。つまりは国民のことだ。共和国の共和とは君主が存在せず、さまざまな部族が国家をつくる国のことをいう。中華人民共和国、大韓民国といえば君主のいない国民の国という意味だ。それらの国が施政者の便利な言葉として使われている。

また「平和」ということも同じことだろう。戦争や殺戮を繰り返す国は歴史上どこにでもあるが、「民主主義」や「平和」という言葉は、わたしたちが理想としている言葉であって現実には存在しない。ヒトラーの登場を許したのも、「民主主義」の手続きを踏んでいたからではないか。大衆が言う「民主主義」という

ものも危ういものがある。

ではどんな政治がいいのかと思案すると、わたしもわからなくなるが、「民主主義」や「平和」という言葉を口にする人を目にすると、こちらは途端に懐疑的にはなる。劇薬をオブラートに包んで飲まされているようで怖い。軍事独裁で日本は滅び、民主主義の国になったと喧伝されているが、本当にそうだろうか。

たとえば「3S政策」という言葉がある。ひとつのSはセックス、もうひとつはスクリーン、そしてスポーツ。スクリーンは映画、スポーツは野球。どちらもアメリカが生んだ文化だ。この三つの政策を敗戦の日本に導入し、快楽・享楽主義に陥れ、政治に目を向けさせないようにとする。そして今日、日本はどうなったか。援助交際の名の下に少女売春が流行り、政治家の名前より、野球選手や俳優やタレントの名前のほうが浸透し、なんの芸もない者がテレビの雛壇に座って講釈を垂れる。朝、新聞を読んだことをしゃべったり、酒場で話すようなことを、電波を使って流しまくる。

彼らを決して差別しているわけではないが、なぜ朝から晩まで、芸人やタレントの話を流さなければならないのか。あれも「3S政策」の一環だと思っている。ではおまえは見ないのかと問われそうなので、先にお答えしておくが、わたしはこの十年以上、テレビを持っていない。安酒場で見るくらいなものだ。新聞も取っていない。必要な時に買って読むだけだ。それでも不自由したことがない。情報はどこでも氾濫していて、どうなりそうかは自分で思案したほうがおもしろい。それに情報は常に操作されるという意識が強い。興味あることは自分で思案したほうがいいと考えている。

たとえば「読書」という言葉がある。近年は死語に近い言葉かもしれないが、学生に「読書」とはなにかと訊くと、本を読むことだと答える。それは読むということだけしか答えていない。それだけではまだ書くという字が残る。読むことだけではだめで、書くことによって、もっと自己を見つめるようにと先人はその文字をつくった。書物の中の人間はこう言っているが、わたしが思うには少し違う、あるいは自分ならこうした、こんな悩みを持っているが、それならばわたしの悩みのほうがまだ底浅いのではないかと考える。書くことも大切なのだ。こどもたちが読書感想文を書かされたり、経験したことを書くのは思考を深めるためである。

世間ではこどもの時分から英語教育ということが言われているらしいが、それも愚民政策の一つではないか。言葉を奪えば文化を失う。ものの考え方も書くこ

とも英語でやれば、本当に的確なことを書き残すことができるだろうか。歴史も変容しかねない。言葉がなければ的確に歴史を遡っていけない。戦勝国は必ず同化政策を取る。それは今でも世界中で続いているし、言葉を奪われた民族の先にあるものは、自分たちが延々と築き上げてきた文化と歴史の消失だ。それは民族の誇りをも失うことでもある。戦後、そのことを敗戦国の日本は、砂山の砂を少しずつ崩されていくように進められているのが今日の現状ではないか。

受験の時に自国の国語の配点よりも英語の配点のほうが高く、日本史も選択科目だ。その上、今度は文学や小説に親しむことが選択になり、「論理国語」というものになりそうだ。見積り書や企画書を書く訓練をして、なにになるのかという気持ちがある。たとえば工事見積りを書くとすれば、起重機やガス溶接の手間賃、足場養生の鉄板代金、職人の一日あたりの賃金、および準備工の手間賃、重機運搬賃、また工事用機器の対価など事細かく知らなければ書くことができないし、その代価は好景気・不景気の時代によっても大幅に変わってくる。

仕事のことを緻密に知らなければ見積りや企画書は決して書けるものではない。それはどんな社会でも同じだろう。つまり机上の見積り書き「ごっこ」の世界でしかなく、なんの「勉強」にも「学問」にもならない。まして「自学自修」をしても「ごっこ」の域を出ることはない。学問は時代を乗り越えてきた普遍的なものを学ぶものだからだ。神学・仏教・哲学・文学と変わらないものの中から新たな生き方を見つけるし、新しい発見をする。

今後の改訂で文学や小説を読むことが消滅していく惧れがあると、多くの知識者は言う。日本人の根っこを消そうとする政策は、植民地政策・愚民政策の仕上げではないかと、こちらが思案する思いでもある。日本には「読み書き算盤」という言葉がある。そのことを覆す教科書改訂はとてもいい改革だとは思えない。なぜそうするか、なぜそうしたいかと文科省も論議を広げたほうがいいと思う。「ゆとり教育」「法科大学院」のこともあるので、後で知らないふりをするのは、国家や国民の精神的拠り所を失うということにもなりかねない。

以上、あちこちに飛んだまとまりのない文章を綴ったが、国家の大計を考えると「読み書き算盤」を基本としたしっかりとした教育を行うことだ。実際にそのことができない児童が多く増えている。その上、真剣に教えたとしても「ごっこ」にしかならない教育は、百害あって一利なしに等しい。実践教育にはならない

し、もっと普遍的なことを教えるということが、いい教育ではないのか。あらゆる人間の心理が描かれている文学や小説が軽んじられ、遠ざけられる改訂は一考するべきものだ。なぜなら教育の基本から大きく離れていると考えているからだ。まして植民地政策・愚民政策の深謀遠慮ではないかと危惧している者からすれば尚更のことだ。

国語の教育について

中沢けい

小学校一年生の時、どんな教科書を使ったかという話題を私の親たちはよく話していた。それにどんな意味があるのか、子どもだった私にはよく分からない話題だったが「ハナ、ハト、マメ」が最初にあったとか「サイタ、サイタ、サクラガサイタ」だったという話をしていたのをよく覚えている。どうも尋常小学校から国民学校への変化、一般的な読み書きの教育から軍国主義的な教育への変化の早さを話していたらしいと気付いたのは、だいぶあとになってからだ。一歳ないし二歳の年齢差にしか過ぎないのに、学校教育の内容が大きく変わっていったことを懐かしみながら、時代の変化というものが、大人の話題になっていたのも、近頃では珍しい話になったかもしれない。

思い出しついでに、もうひとつ記憶によみがえったことを言えば、島田雅彦さんが私の顔を見て「君とは世代が違うから」と言ったことがある。はて、なんの話だろうと首をひねった。年齢は二つしか違わない。「君は国立一期校、二期校の受験だろう。僕は共通一次なんだ」と笑った。島田さんは大学入試の共通一次試験二回目の受験生だから新世代、私は国立一期校、二期校の最後の受験生だから旧世代というわけだ。理由を聞いて苦笑いがもれた。一九七九年から共通一次試験が始まり、一九九〇年に大学入試センター試験に改まった。

共通一次テストは大学入試が過熱し、高校教育では教えていないような難問奇問が出題されるとの批判から始まったように記憶している。私が大学受験の年、一九七八年当時は新聞の社会面下段に主要大学の受験倍率が掲載されていた。二十倍、三十倍も珍しくない。四十倍という数字も見た記憶がある。試験のあとの採点では、泊まり込みもあったとか。十八歳人口の減少で、どの大学も各種の推薦入試など多様な入試形態で、志願者を集めても定員に満たない学部、学科が出る大学もある現在とはずいぶんな様変わりだ。

二〇二一年に大学入試センター試験は大学入学共通テストに移行が予定されている。高校の国語は新指導要領に基づき「現代の国語」「言語文化」が必修となり、「論理国語」「文学国語」「国語表現」「古典探究」四科目が選択科目となる。聞くところによると進学校

では「論理国語」が選択される可能性が高いとのことだ。この度、国語教育が多くの人の関心を集めたのは大学入試共通テストの試行調査の「論理国語」の問題が道具を扱うマニュアルや高校の生徒規則などの実用文から出題されたためだ。従来の国語のイメージとはかけ離れた出題であったらしい。問題は未見だが、実用的な文章を学ぶのが「論理国語」ということになっているようだ。

やや面食らったのは、大学のほうではこのような高校のカリキュラム改変の話をほとんど聞いていなかったことだ。私は法政大学文学部日文科に勤務している。学部卒業生、大学院修士終了生が高校の国語教員となることも多い。国語教員を供給する大学では高校の指導要領の変更はほとんど話題になっていなかった。あるいは教職課程で何か変化があるのかもしれない。何人かの先生に話を聞いてみると「論理国語」の教科書制作にかかわっている先生もいた。「近代の文章から文学以外の材料を探しているところです。探せば文章は集められます」とのことだった。話を聞いた感じでは、マニュアルや規則といった実用文ではなく「文学を目的としない文章」を収集しているような様子だった。具体的なことを聞くまでには至らなかったが、なんとなくおおよその見当がつく感じはした。実用文の大学入試共通テストの試行調査の問題と教科書の間にややずれがあるような様子が話の端々から伺えた。「文学を目的としない文章」と「非文学的な文章」の間には大きな差があるのだ。

文学というものを狭い意味に捉えるか、広い意味に捉えるかで考え方感じ方は大きく変わってくる。広い意味に捉えれば、文学と無関係な文章は存在しない。数学であれ体育学であれ化学、物理学、生物学、いずれの分野でもそれが文章で書かれたものなら文学と必ず関係している。歴史学や哲学であればなおさら文学と深く関係している。逆に文学として書かれた散文でも従来型の文学性を排除しようとして非文学的な文書というものもあるくらいだ。いずれにしても国語は国語教育の範囲の中だけで学ぶわけではない。

それはさておいて、話を「論理国語」の大学入試共通テストの試行調査に戻そう。マニュアルなどの実用文が出題されてまず考えたのは、実用文というのは基本的に義務教育を終えた程度で読めるように書かなければいけないものなのではないかと言うことだった。もし義務教育終了程度で読めないのであれば、それは読むほうの責任ではなく、書くほうの課題ではないだろうか。もちろん、義務教育を終えただけでは読めない実用文も存在する。保険の締約、各種の契約書、法

令の条文などあげればきりがない。そうした文章を読むためには専門家の援助を必要とする。税理士、司法書士、弁護士、自動車整備士、ちょっと考えただけでも、実に様々な専門家の援助を受けながら日常生活を回しているわけで、そうした専門家の多くは大学教育によって生み出されている。義務教育終了程度で読める実用文と、読みこなすには大学以上の教育と経験の必要な実用文の中間というものは私にはうまくイメージできない。

かつては、文章は情理兼ね備えたものが名文であると教えられた。実用的なスキル重視の国語教育と聞いて頭に浮かんだのは、ここ数年の「感情に対する無関心」と「感情表現への敵意」の傾向だ。そのような社会的な雰囲気が文学への軽視、蔑視へと繋がっている場面に出くわすことも珍しくはない。社会の変化が速いので、情緒的な表現や抒情表現は社会が変化するうえでの足手まといにしかならないとみなされるのか。あるいは昭和後期（一九七〇年代から一九八〇年代）から平成へかけての価値転換が生み出したものなのか。そのあたりは。これからの文学研究者の課題としておおいに研究してもらいたい。かつては情理兼ね備えた文章が良い文章とされたが、現在は感情を排除した文章が求められているような印象を受けている。その底に潜む情念、抒情、情緒への敵意には、案外なほどの人間の悲しみが隠れている可能性がある。

小学校一年生の時の国語の教科書には何が書いてあったと言う私の親たちの世間話の話題は、尋常小学校の教育を受けたのか、それとも国民学校で教育されたのかの違いに繋がり、終戦の時、どこで何をしていたのかという話に発展した。私の家は房総半島南端で釣船屋を開いていたので、釣客は前の晩から泊まり込みで早朝の出船を待った。夜が明けてみるとあいにくの悪天候で、出船できないということもある。そんな雨と風にたたられた日、泊まり込みで出船を待ったお客さんと店主である父、女将の母の話題が小学校一年生の時の教科書の文言だった。国語というのはそういう教科だと、雨音を聞きながら、その場面を思い出すことがある。

AIに「こころ」は宿るか？

村上政彦

AIの書いた小説が文学賞を取るか――そういう実験をしているというニュースを読んだ。予選落ちはしないらしい。二次予選まで通ったのだったか、最終候補まで残ったのだったか、よくは憶えていないが、AIの開発者は、いずれAIの書いた小説は文学賞を取る、と語っていたと思う。

若い頃に読んだSF小説で、小説を書くコンピュータの話があった。これはあくまでもフィクションとして読んだ。ところがその後しばらくして、ハリウッドではシナリオを書くソフトがあると聴かされた。コンピュータの質問に応えていくと、やがてシナリオが完成するのだという。すでに将棋の世界では、AIは活躍している。すると、コンピュータが新しい小説を書く日も近いのだろうか。

AIに小説が書けるか？　答えは、イエスであり、ノーだ。小説に近いものは書けるだろう。しかし本当の小説は書けない。なぜなら小説は人間の「こころ」を描くものであり、AIにはそれができないからだ。

では、「こころ」とは何か？　仏教の唯識論によれば、人間の「こころ」は個人を超えて、人類全体へと開かれ、自然をも含み込む広がりを持っている。ユングは人類全体へ開かれた領域のことを集合無意識と名づけた。

大脳生理学の領域から迫っても、心理学の領域から迫っても、これが「こころ」だとはっきり示すことはできないと思う。「こころ」とはそういうものであり、人間自身さえ「こころ」についてよく分からないところがあるのだから、コンピュータに分かるはずもない。

長い時間をかけて「こころ」に迫り、それを描いてきたのは人間の手による文学である。人間は言葉によって、「こころ」を探求してきた。そこには数千年の蓄積がある。「こころ」を知ろうと思ったら、まず、文学を読んでみなければならない。

僕は、「こころ」とは何か、と訊かれたら、世界で書かれた文学作品すべてを示して、ここに描かれているものだと答える。

最近の国語問題で懸念されているのは、突き詰めていけば文科省の「こころ」の軽視だ。言葉を単なる情報を伝達する手段として捉え、そう扱うように仕向けている。しかし言葉は情報を伝えるだけの記号ではない。

日本は古来、「言霊の幸ふ国」という。言葉は「こころ」を盛る器であり、盛られた「こころ」と言葉は一体になる。ここに言霊が生じる。

言葉の持つ呪力を失わせようとするのが、文科省の行おうとしている教育改革だ。もったいない話ではないか。数千年の蓄積を持つ遺産をないがしろにするなんて。文科省は、文学を学ぼうと思えば、ちゃんと学べるようにカリキュラムは組んであるという。しかし、それは欺瞞である。

文科省の改革通りに進めば、大学の入試試験は、駐車場の賃貸契約書や高校の生徒会の議事録などを用い、それをきちんと読み取ることができるかどうかを問うような内容になる。そこには「こころ」の問題など、どこにも窺えない。高校では、そういう試験に対応して、事実上、文学は消えていく。果たして、それでいいのだろうか？

僕の書いた小説が、ある私立中学の入試問題に使われ、この場面で主人公は何を思ったのか？ というような設問があった。これは作者にとっても難問だ。問題の作成者が正解としたことが、作者の考えと違っていることもある（それが「こころ」の面白いところであり、肝と言える）。でも、ここにはまだ「こころ」を問う姿勢がある。駐車場の賃貸契約書を読んで、自分が課せられている義務を探るよりは、ましである。

人は、人と交わって生きていく生き物だ。そのためには相手の「こころ」、自分の「こころ」を知らなければならない。人間の「こころ」が分からない、医学者、法律家、官僚、政治家、経済人——どの存在を見ても、人間の害にこそなれ、人間を救済する存在になるとは思えない。

文学は、単なる高尚な趣味ではない。人が生きていくうえで、欠くことのできない「こころ」の食物である。これを摂取しなければ、人間はきちんと成長することができない。僕が作家だから言うのではない。若い頃から文学を読んできたひとりの人間として言うのだ。では、お前はきちんと人間として成長したのか、と難じられたら、きちんと成長したいから、いまも文学を読んでいるのだと言う。

文科省は、どのような人間をつくりたいのか？ 溢れる情報を高速で処理し、いくつものタスクを同時にこなし、間違えることのない答えを導き出すＡＩのような存在ではないか。冒頭の話題に戻ろう。ＡＩに本当の小説は書けないが、いまの文科省が求める大学の入試問題は作成できるだろう。それは解くのはＡＩのような若者たちである。

ＡＩの作成した大学入試問題を、ＡＩのような若者たちが回答する——どうにも寒い光景である。文学を疎かにすると、人間を見失うことになる。

新種の絶望文学

吉村萬壱

私は五年前に教員を辞めて専業の小説家になった。二十七年間の教員生活の内、十一年間を都立及び大阪府立の高校で倫理社会を教え、残りは大阪府の支援学校（中学部）で勤務した。今振り返ると、私は余り良い教師ではなかった。生徒と仲良くする事は出来たが、生徒の潜在力を引き出して伸ばす、という点に於て立派な仕事が出来たとは言い難い。これは、生徒に余り期待していなかったという事でもあり、その意味ではやはり私は二流以下の教師だったのだろう。教師と小説家の二足の草鞋を履くのが体力的に難しくなった五十代前半、一説に芥川賞の賞味期限が切れるとされる受賞十年目の節目とも重なって、教師を辞める事に大きな躊躇はなかった。年々、難しい教員採用試験を突破した優秀な新任教師が入ってくるので、その意味で私には後顧の憂いはなかった筈である。

しかし今回の高校指導要領の改訂と大学入試改革は、自分の経験に照らしてちょっと気になっている。

高校の授業時数と入試の絡みから殆どの高校が高二・高三で「論理国語」を選択し、その結果高校国語から「文学」消えていくとすれば、それは忌々しき事態である。しかし文学作品は、教科書という小さな池でしか生息出来ない稀少種なのか。そうではなかろう。文学作品は当然、それ自身の力で生き延びていく強さを持っている。副教材もあれば、教師の手作り教材という手段もある。また、生徒が学校で教わらないからという理由だけで小説を全く読まなくなるとは考え難い。

それよりも私が今回の改訂で最も問題だと思うのは、夏目漱石もドストエフスキーも読んだ事がない人間が教員採用試験に合格し、高校の国語の教師になる可能性が出てくるかも知れないという点である。今回の指導要領の改革で教員採用試験の専門教養試験の内容そのものが変わるに違いない。それに伴って「論理国語」のウエイトが大きくなり、実用文の読解には強いが文学作品には滅法暗いという新任教員がきっと現れるだろう。私の経験では高校の国語教師の中にも殆ど文学作品を読んでいない人はいたが、今後はその割合が大きく増える事が懸念される。

生徒が文学に興味を抱いた時、教師という水先案内

人が存在しているのといないのとでは雲泥の差がある。高校時代、ある国語教師が井伏鱒二の『黒い雨』を取り上げてその創作方法を解説した後、「このようなやり方をすれば、この程度の小説を書く事は誰にでも出来るわけです」と言った言葉が四十年経った今でも私は忘れられないし、この一言が今でも私の背中を押し、小説を書くという不遜な行為を続けさせているような気がする。その教師は芥川賞を目指す実作者であったが、その見解の正否はともかくとして、教師が自分の経験の中からこのような一言を出せるかどうかが決定的だと私は思う。こういう、教員採用試験では決して計れない力こそが、教師に問われているのではないだろうか。教科書の内容を教えるだけならＡＩでも出来るのである。

　必用なのは、生徒が自分の力で伸びようとしている時に、教師が発した言葉の中から、核心を突いた滋味深い一言を生徒自身が摑み取る事が出来るかどうかという事であり、殆ど偶然か奇跡のようなこの瞬間のためにこそ、学校教育は存在しているのではないかとすら私には思える。それは教師の高い教養なしには起こり得ない出来事である。教師は、教師自身が全く予想もしないところで生徒に決定的な影響を及ぼすのであって、決して自分の思いのままに生徒を作る事は出来ない。もし作れると考えている教師がいるとすれば、それは条件反射を利用した調教を教育と勘違いしているのである。こんな風に考えていたから、私は生徒の力を引き出したという実感が得られなかったのかも知れないが、ひょっとすると生徒の中には、私の何気ない一言から何かを摑み取る経験をした者がいたかも知れない。そうあって欲しいが、しかし逆に私の一言で大きく傷付いた生徒もいた事だろう。教育とはまさに文学作品のように、一筋縄ではいかないものである。そんな教育現場に過度の合理性や論理性を持ち込み、これを与えれば必ず生徒はこう育つ、という機械的な生産性を期待すると必ず間違うと私は思う。生徒は教師や教育委員会、ましてや文科省の思う通りに育つ事はないし、教科書の内容に縛られるほど愚かでもない。しかし教育の失敗による弊害は確実に生徒の上に表れる。必要なのは効率性でも、資本主義の論理でもなく、生徒がその中から主体的に宝物を鷲摑みに出来るような豊かな教養の海を提供し続ける事ではなかろうか。

　紅野謙介『国語教育の危機――大学入学共通テストと新学習指導要領』には、二〇二一年から始まる大学入学共通テストの記述式のモデル問題やプレテストなるものが取り上げられている。何より驚いたのは、そこに出題されている資料や契約書や会話文の、砂か大

鋸屑のような余りの味気なさである。読んでいて気持ちが悪くなるほど、情動に訴えてくるものが何一つない。駐車場の契約書や生徒会部活動規約などを熟読させられ、問題に答えさせられる生徒が気の毒で仕方ないと思った。国語の勉強の醍醐味は、たとえそれが模擬試験や入試問題であっても、取り上げられる小説やエッセイの内容に心動かされる事ではないのか。そこから、この作家の書いた物をもっと読んでみたいと思ったりするところにこそ、文科省の期待する人格の陶冶のような事も起こり得るのであって、契約書などいくら熟読したところで心は微動だにすまい。こんな国語の試験を苦痛に感じる生徒は決して少なくないに違いなく、これを作った大学入試センターのセンスのなさには呆れるばかりである。

小説とは、苦しみの記録である場合が少なくない。少なくとも、苦悩者が書いた文学は、苦悩する者が読める唯一の文章である。絶望している時、人は何も読めない。ようやく回復期にあって読めるのはまだ絶望文学だけであろう。いじめや自殺が絶えない中で、もし生徒の命を少しでも救い得るような文学作品があるならば、学校にはそれを提供する義務があると私は思う。いじめられている生徒を前にして、駐車場の契約書に書かれている内容を読み解く授業をする事は、シュールさを通り越して「駐車場の契約書以上の絶望文学はない」という一種のブラックジョークではないかと思うほどだ。

文学とは、一種の許可である。こんな風に考えてもよい、こんな風に絶望的になってもよい、大の大人でもこんな馬鹿な事をやったり考えたりしているのだから君達はもっと馬鹿をやってもよいのだ、大人の言う事が正しいとは限らない、誰もがいじめられた経験を持つ、誰もが孤独なのです。そんなあらゆる精神の証言が記された文学作品を教えてくれるのが、是非とも学校という場であって欲しい。文学作品は逃げたり隠れたりする場所にもなり得る。それは一時的にしろ辛い心を匿ってくれるだろう。勿論毒はあるけれども、毒は薬にもなる。毒のある作品ほど効く場合もある。そんな文学作品に匹敵するほどの、生徒の心に強く訴えかける駐車場の契約書が一つでもあれば、私はここに書いた文章を全て撤回致します。なぜならその契約書は、今までにない全く新しい文学作品の誕生を意味するからである。せめてそれぐらいの物を出してくる矜持を、文科省や大学入試センターには是非とも持って頂きたいと思う。

執筆者および参加者略歴

安達　洋（あだち・ひろし）
私立洛南高等学校・同附属中学校教諭。昭和三十七年大阪府生。共著『ちくま科学評論選』など。

石原千秋（いしはら・ちあき）
国文学者。早稲田大学教授。昭和三十年東京生。著書『「こころ」で読みなおす漱石文学』など。

五十嵐勉（いがらし・つとむ）
作家。「文芸思潮」編集長。昭和二十四年山梨生。著書『流謫の島』『緑の手紙』『鉄の光』『核の信託』など。

伊藤氏貴（いとう・うじたか）
文藝評論家。明治大学文学部准教授。昭和四十三年千葉生。著書『美の日本』『奇跡の教室』など。

伊原康隆（いはら・やすたか）
数学者。昭和十三年東京生。東京大学理学部および京都大学数理解析研究所名誉教授。著書『志学数学』。

梶川信行（かじかわ・のぶゆき）
日本大学文理学部教授。昭和二十八年東京生。著書『額田王』『万葉集の読み方』など。

勝又　浩（かつまた・ひろし）
文芸評論家。昭和十三年横浜市生。著書『山椒魚の忍耐—井伏鱒二の文学』『私小説千年史』など。

紅野謙介（こうの・けんすけ）
国文学者。日本大学教授。昭和三十一年東京生。著書『投機としての文学』『検閲と文学』など。

佐藤洋二郎（さとう・ようじろう）
作家。昭和二十四年福岡生。近著に『妻籠め』『忍土』『ＴＯＫＹＯ—ＢＲＩＤＧＥ』など。

俵　万智（たわら・まち）
歌人。昭和三十七年大阪生。結社「心の花」所属。歌集『サラダ記念日』『プーさんの鼻』など。

富岡幸一郎（とみおか・こういちろう）
文藝評論家 関東学院大学教授。昭和三十二年生。著書『戦後文学のアルケオロジー』『内村鑑三』など。

中沢けい（なかざわ・けい）
作家。法政大学教授。昭和三十四年生。著書『女ともだち』『楽隊のうさぎ』など。

松本　徹（まつもと・とおる）
作家・評論家。昭和八年札幌生。著書『西行 わが心の行方』『三島由紀夫エロスの劇』『小栗往還記』など。

三田村博史（みたむら・ひろし）
中部ペンクラブ会長。昭和十一年岐阜生。著書『姜《カン》の亡命』『漂い果てつ』『東海の文学風土記』。

中崎　学（なかざき・まなぶ）
予備校講師・昭和四十三年千葉県生。

藤本翔一（ふじもと・しょういち）
科学技術と社会を繋げる人。昭和六十三年神奈川県生。古今和歌集の仮名序を読み聞かせている新米父。

村上政彦（むらかみ・まさひこ）
作家。昭和三十三年三重県生。著書『ナイスボール』『トキオ・ウイルス』など。

八木澤宗弘（やぎさわ・むねひろ）
麻布中学校・高等学校教諭。昭和六十二年栃木県生。

吉村萬壱（よしむら・まんいち）
小説家。昭和三十六年愛媛県生。著書『クチュクチュバーン』『ハリガネムシ』『ボラード病』『虚ろまんてぃっく』。

別冊 季刊文科
国語教育から文学が消える
〈増補完全版〉

令和二年三月　十六日初版第一刷印刷
令和二年三月二十六日初版第一刷発行
定価（本体一〇〇〇円＋税）

編　著　季刊文科編集部
責任編集　伊藤氏貴
発行者　百瀬精一
発行所　鳥影社（choeisha.com）
東京都新宿区西新宿三―五―一二―7F
電話　〇三―五九四八―六四七〇
ＦＡＸ　〇三―五九四八―六四七一
長野県諏訪市四賀二二九―一（編集室）
電話　〇二六六―五三―二九〇三
ＦＡＸ　〇二六六―五八―六七七一
印刷・製本　モリモト印刷

ISBN978-4-86265-801-2 C0095

しては珍しいことで、違和感をおぼえた読者も少なくなかっただろうと思われるが、文学にとってはそれほどの重要事でもあった。幸いに大きな評判を得たが、雑誌であるため、もう手に入らないという不満の声も寄せられた。

そこで、特集部分だけを切り離し、また新たに別の分野の方々の意見も多数拾って、ここに増補版として一冊を上梓することとなった。

増補部分について、以下、ごく簡単に説明を加えておく。本誌では文学関係の人間からの寄稿であったため、他分野、また学校の現場の方々の声を多く入れた。

伊原康隆氏は、東大と京大で長らく教鞭をとられた数学者だが、数学と文学の関係性について、また最近流行りの、ＡＩと読解力に関する新井紀子氏の説に対する批判について、稿を寄せてくださった。

藤本翔一氏は、理系の大学院を卒業後、新技術を現実社会と繋ぐ仕事に携わっておられるが、学生時代の国語教育と現在の仕事の関りについて語る。ある新聞社のインタビューに基づくが、事情により掲載されなくなったため、こちらに回してくださった。

高校や予備校という、今まさに生徒たちと関わる現場からは、お三方が稿を寄せられた。

中崎学氏は大学受験との関係で、安達洋氏は高校の教室から、「文学」にかかわらず、広く「読む」ということの本質的な意味を問いかける。八木澤宗弘氏は、「論理国語」と「文学国語」とを分けることの非「論理」性を訴え、試験問題を新たに作り、文学作品を用いた論理教育の可能性を開く。氏が題材に選んだ『羅生門』は、奇しくも藤本氏が高校時代に大きな感銘を受けたという作品でもあった。教材として非常に大きな可能性を持つものであることがわかる。

文学の分野からも、高校教員の経験もある俵万智氏と、また村上政彦氏が新たに加わった。俵氏は読売新聞からの転載、村上氏は書下ろしである。

以上七氏の新稿を得て、「国語教育」における「文学」の今後について大きな問題提起をはかりたい。繰り返すが、新指導要領そのものは決定事項であり、変えられない。その範囲でなにができるのか。文科省は、「論理国語」の単位を減らしてそこに文学教材を入れればよいというような折衷案を示し始めたが、それならなぜはじめから「論理国語」と「文学国語」を分けたりしたのだろうか。

これをきっかけに、「国語教育」と「文学」との関係について、さらに関心が高まることを望む。

編集委員

はじめに

二〇二一年に大学を受験する受験生たちは、歴史に残る振り回され方をした。

「センター試験」から「大学入学共通テスト」へ移行するにあたって大幅な改変がなされたが、一部撤回されたこともあり、結局どのような形で実施されるのか、明確なイメージが摑めないまま本番を迎える、というなんとも不安な思いをしなければならない。

改変のポイントは三つ。「実用文の出題」、「複数テ化」、「記述式設問」、である。これによって、「セ」では全四題、八十分だったのが、「共通テスト」五題、百分となる予定だった。か、世間の大きな批判を浴びた「記述式設問」が結局延期されることになり、従来通り、全四十分のままということになったのである。では、英語の民間試験導入延期とともに、これ革の二本柱が折れて、振出しに戻った、とい多かったが、しかし、国語に関する限りそれと言わざるを得ない。「実用文」と「複数テクスト化」の導入に関しては変更はなく、こちらの方が国語教育にとっては大きな問題だからだ。

「記述式設問」は、あくまで解答形式の問題にすぎない。試験としては採点に公平性を欠き、それゆえ五十万人もが受験する大規模試験に導入すべきでないというのはそのとおりで、延期されてまずはなによりだったのだが、しかし、「実用文」が出題され、また、それぞれの大問が「複数テクスト」によって構成される、というのは、少なくともこれまでの「センター試験」からすればきわめて大きな改変である。

そして、この改変は、入試だけでなく、高校の指導要領の改訂と結びついている。具体的には本書に譲るが、一つだけ言えば、「論理国語」と「文学国語」とが切り離され、多くの高校ではどちらかしか選べなくなる。おそらく受験との関係で前者を選ぶだろう。高校の国語の内容が大きく「実用」的な情報処理と言っていい内容に傾斜することになる。「実用」的な内容が入ってくる、というレベルではなく、一気にこちらに向けて舵を切られたかたちになっている。そして入試と異なり、この新指導要領は決定されたものであり、今からの変更はありえない。

こうした流れによって大きく削られる「文学」の行方について、『季刊文科78号』は「国語教育から文学が消える」という特集を組んだ。純文学専門文芸誌と